Robert Triffin, conseiller des princes

Souvenirs et documents

P.I.E. Peter Lang

Bruxelles · Bern · Berlin · Frankfurt am Main · New York · Oxford · Wien

Robert Triffin, conseiller des princes

Souvenirs et documents

Recueillis par Catherine Ferrant et Jean Sloover

avec la collaboration
de Michel Dumoulin et Olivier Lefebvre

« Relations financières internationales »
n° 4

Avec le soutien de la Compagnia di San Paolo.

La présente édition est une mise à jour pour l'avant-propos et l'apparat critique de la version publiée en 1990 dans la collection « Histoire de Notre Temps » dirigée par Michel Dumoulin chez Ciaco éditeur à Louvain-la-Neuve (Belgique).

Éditions scientifiques internationales
Bruxelles, 2010
1 avenue Maurice, B-1050 Bruxelles, Belgique
www.peterlang.com ; info@peterlang.com

Imprimé en Allemagne

ISSN 1377-5669
ISBN 978-90-5201-642-9
D/2010/5678/51

Information bibliographique publiée par « Die Deutsche Nationalbibliothek »
« Die Deutsche Nationalbibliothek » répertorie cette publication dans la « Deutsche Nationalbibliografie » ; les données bibliographiques détaillées sont disponibles sur le site <http://dnb.d-nb.de>.

Table des matières

Avant-propos

Michel DUMOULIN
Secrétaire général de la Fondation internationale Triffin

Alexandre LAMFALUSSY
Président de la Fondation internationale Triffin

La Fondation internationale Triffin/International Triffin Foundation dont émane la collection Relations financières internationales/International Financial Relations a été fondée en vue, notamment, de mettre en valeur l'œuvre et l'action de l'économiste dont elle porte le nom.

Né en 1911 à Flobecq en Belgique, Robert Triffin a, jusqu'à sa mort survenue à Ostende en 1993, déployé une intense activité de chercheur, d'enseignant, d'expert et de militant. Profondément pacifiste et fédéraliste, le professeur d'économie de Yale a formé au moins deux générations de « Triffin boys » tout en influençant à travers le monde des économistes mais aussi un nombre considérable de décideurs par ses écrits, ses rapports, ses conférences, sans oublier ses innombrables notes consacrées, au fil du temps, aux réformes puis aux systèmes monétaires, à commencer par l'européen.

Belge devenu américain ; américain redevenu belge, Triffin fut un citoyen européen et un citoyen atlantique. Critique sévère de la politique monétaire des États-Unis quand il dénonçait le cynisme avec lequel Washington utilisait le système de Bretton Woods pour faire payer par ses partenaires le déficit américain, il fut aussi, avec talent et inventivité, l'économiste militant en faveur de la création d'une monnaie européenne.

À la fin des années 1980, Robert Triffin qui, revenu vivre en Belgique, avait retrouvé l'Université catholique de Louvain qui l'avait formé, était souvent placé sous les feux de la rampe. Ses interventions lors de colloques d'économistes, réunions de groupements européistes, journées d'études dans le monde de la banque, ainsi que de multiples interviews de journalistes constituaient autant d'occasions de vérifier qu'à l'approche de ses quatre-vingts ans, il n'avait rien perdu ni de sa pugnacité ni de son inventivité intellectuelle.

C'est dans ce contexte qu'en 1989, un concours de circonstances conduisit Catherine Ferrant et Jean Sloover, deux journalistes de talent du quotidien bruxellois *Le Soir*, à convaincre Triffin de confier ses souvenirs au magnétophone. S'inspirant du précédent que constituait la publication, sous le titre générique « Éco-mémoires », d'une intéressante série de témoignages de personnalités belges ayant joué un rôle dans la politique économique de leur pays à partir de 1945, ils caressaient néanmoins un projet plus ambitieux.

Ce projet partait du constat suivant. Un effet pervers de la médiatisation à outrance des hommes et des événements fait de plus en plus perdre de vue le rôle déterminant des experts, des hommes de l'ombre, des conseillers discrets mais ô combien influents de par leur compétence technique, certes, mais aussi de par leur appartenance à des réseaux dont il est souvent malaisé de reconstituer la composition, l'influence et, donc, le pouvoir.

Or, malgré les doutes que Triffin exprimait au sujet de l'intérêt de ses souvenirs, l'évocation de tel ou tel épisode de sa vie lors de conversations amicales renforçait la conviction que, décidément, il serait vivement souhaitable qu'il rédige ses mémoires. Mais il rechignait à envisager cette hypothèse, expliquant qu'il avait déjà exposé ce qu'il avait à dire le concernant[1]. En revanche, il accepta de se raconter, sachant que le fruit de longues heures d'entretiens enregistrés servirait à nourrir la rédaction d'un livre dont le scénario mettrait en évidence les missions officielles et officieuses, les réseaux et les engagements de ce « globe-trotter de la finance » agissant dans la coulisse du pouvoir ou, selon une expression qui le séduisit, comme un « conseiller des princes ». Las, ce projet auquel il adhérait ne se réalisa pas à cause de circonstances familiales défavorables.

Restait l'enregistrement des entretiens avec Catherine Ferrant et Jean Sloover. Triffin accepta de les voir en extraire la substance d'un petit ouvrage reproduisant une partie des questions posées et des réponses apportées. Mais il s'avéra que le témoignage de Triffin requérait des explications techniques au sujet de certains dossiers évoqués – l'Union européenne des paiements (UEP) et le Système monétaire européen (SME) –, voire appelait la présence de documents illustrant plus en détail certains de ses propos. Venant de collaborer à la constitution d'un choix de documents relatifs à sa collaboration avec Jean Monnet dans le

[1] Triffin, R., « An Economist Career : What ? Why ? How ? », in *Banca Nazionale del Lavoro Quarterly Review*, n° 138, septembre 1981, p. 239-250. Ce texte est repris dans *Robert Triffin San Paolo Prize for Economics*, 1987, Turin, Istituto Bancario San Paolo, 1988, p. 113-135. Voir aussi, dans le même volume (p. 25-32), l'« Acceptance Speech delivered by Prof. Robert Triffin ».

cadre du Comité d'action pour les États-Unis d'Europe[2], Triffin accepta volontiers de se replonger dans ses papiers en compagnie d'Olivier Lefebvre et de Michel Dumoulin avec lesquels il arrêta le choix de quinze documents qui furent reproduits dans les annexes du volume publié en 1990 et qui sont repris ici.

L'ouvrage publié en 1990 connut une traduction en hongrois. Due à Miklos Szabo-Pelsoczi qui animait, à Budapest, la fondation Robert Triffin-Szirak Alapitvany, elle paraît en 1994 avec une préface de Paul Mandy, professeur émérite à l'Université de Louvain[3].

Vingt ans plus tard, beaucoup d'eau ayant coulé sous les ponts, l'œuvre de Triffin concernant le système monétaire international, la place du dollar, le rôle de la monnaie européenne, est plus que jamais d'actualité. Et si le public en général ignore son nom, les milieux spécialisés, en revanche, ne l'ont pas oublié comme en témoignent les nombreuses références à ses travaux dans les publications scientifiques depuis son décès[4] ainsi que, par exemple, la réalisation d'une anthologie sélective de ses écrits[5].

Mais il y a plus. Alors qu'approche le centenaire de sa naissance, Robert Triffin, en dehors de réunir les membres de la Fondation qui porte son nom, inspire des travaux de qualité. Depuis sa disparition en 1993, les chercheurs multiplient les articles de revues et les contributions à des colloques consacrés aux différentes facettes de son œuvre et, insistons-y, de son action. Car s'il capte l'attention des chercheurs s'intéressant à sa place dans l'histoire de la pensée économique[6], ses interventions sur le terrain – de ses missions en Amérique latine autour

---

2 Dumoulin, M., Hannotte, J., *Robert Triffin, le Comité d'Action pour les États-Unis d'Europe de Jean Monnet et les problèmes monétaires européens, 1968-1974*, Louvain-la-Neuve, CIACO et GEHEC, 1988 (série « Histoire de la construction européenne. Études, documents et instruments de travail »).

3 *Robert Triffin, allamférfiak tanacsadoja. Tanuvallomas és dokumentumok*, Budapest, Robert Triffin-Szirak Alapitvany, 1994.

4 À commencer par Szabo-Pelsoczi, M., (dir.), *The Global Monetary System after the Fall of the Soviet Empire. In Memoriam Robert Triffin 1911-1993. Foreword by Bernard Snoy*, Aldershot, Avebury, 1995.

5 Triffin, R., *Dollaro, Euro e moneta mondiale*, a cura di A. Iozzo – A. Steinherr, Bologne, Il Mulino, 1998.

6 Une première contribution dans ce sens a été publiée de son vivant par Montani, G., « Robert Triffin and the Economic Problem of the 20th Century », in *The Federalist. A Political Review*, vol. XXXI, n° 3, 1989, p. 201-217. Voir aussi les pages importantes que lui consacre Endres, A.M., *Architects Of The International Finance System*, Londres, Routledge, 2005.

de 1945[7] à l'introduction de l'usage privé de l'ECU[8] – mobilisent bien d'autres talents[9]. Ces travaux, y compris ceux de nature strictement biographique[10], faisaient d'autant plus regretter que la très longue interview de Robert Triffin et les documents qui l'accompagnaient, soient depuis longtemps indisponibles.

Le volume que nous présentons n'est toutefois pas qu'une reproduction à l'identique de l'original. En effet, il est apparu, à la relecture, que des événements et des personnages auxquels Triffin et ses interlocuteurs faisaient référence il y a vingt ans, requéraient, aujourd'hui, un complément d'information. C'est pourquoi, sans en multiplier inconsidérément le nombre, des notes explicatives ont été ajoutées par le professeur Michel Dumoulin au texte original qui en contenait très peu dans la première version publiée. Cela étant, celle-ci a été intégralement respectée, en ce compris les encarts relatifs aux questions techniques rédigés par M. Olivier Lefebvre dans la mesure où aujourd'hui comme hier ces derniers permettent de mieux comprendre les propos de Triffin.

Modeste par son volume, ce petit livre n'est ni un traité d'économie monétaire ni un volume de mémoires, et encore moins une biographie de Robert Triffin. C'est plutôt, grâce à son contenu multiforme, une contribution à la découverte d'une personnalité, d'une pensée et d'une action qui ont marqué et marquent encore l'histoire de notre temps. Nul doute que cet apport à la meilleure connaissance et appréciation du parcours d'un économiste du XXe siècle pourrait inspirer ses collègues ainsi que les décideurs de notre siècle.

---

7 Helleiner, E., « Central Bankers as good Neighbours : US Money Doctors in Latin America during the 1940s », in *Financial History Review*, vol. 16, n° 1, 2009, p. 5-25 ; ainsi que, non publié : Helleiner, E., « The Triffin Missions : US Unorthodox Money Doctoring in Latin America », Paper presented at the annual meeting of the International Studies Association, San Diego, California, 22 mars 2006 http://www.allacademic.com/meta/p100242_index.html.

8 Wilson, J., « Origines et développements du marché des emprunts en unités de compte », in Dumoulin, M. (dir.), *Italie et Belgique en Europe depuis 1918*, Bruxelles-Rome, Institut historique belge de Rome, 2008, p. 413-432.

9 Maes, I., Buyst, E., « Triffin, The European Commission and the Project of a European Reserve Fund », in Dumoulin, M. (dir.), *Réseaux économiques et construction européenne*, Bruxelles, P.I.E. Peter Lang, 2004, p. 431-444 (« Euroclio. Études et documents », n° 29) ; Grin, G., « L'évolution du système monétaire international dans les années 1960 : les positions des économistes Robert Triffin et Jacques Rueff », in *Relations internationales*, n° 100, hiver 1999, p. 377-392.

10 Voir la notice « Triffin » rédigée par Wilson, J., in *Nouvelle Biographie Nationale*, vol. 7, Bruxelles, Académie royale des sciences, des lettres et des beaux-arts de Belgique, 2003, p. 344-347.

Interview de Robert Triffin par Catherine Ferrant et Jean Sloover

Question : Robert Triffin, dites-nous quelques mots de votre enfance. Comment vous a-t-elle permis d'amorcer cette vie qui vous a amené à traverser d'innombrables frontières à la fois comme professeur d'université et comme « conseiller des princes » ?

Triffin : Je suis né en 1911 dans l'un des plus beaux villages de ce pays, Flobecq. Mon père, François Triffin, était un homme extraordinairement « débrouillard », capable d'exercer plusieurs métiers, successivement et même simultanément. L'achat, à Vieux-Condé, d'une ferme dont la prairie attenait à la frontière franco-belge, facilitait la fraude de bestiaux et marchandises, de France en Belgique ou de Belgique en France selon les prix et taxes en vigueur. Mais les problèmes monétaires dont j'ai fait mon métier le dépassaient totalement. Il crut faire une « affaire formidable » en revendant pour 200 000 francs cette ferme achetée pour 50 000 francs, ignorant que l'inflation lui faisait faire une perte sèche.

Notre principal problème familial était son incompréhension pour mon frère Armand – mon aîné de onze ans – et les réactions malencontreuses de celui-ci aux conflits avec notre père. La pire, certes, de ses réactions fut provoquée par l'opposition forcenée de notre père au mariage d'Armand avec notre cousine Julia De Pooter, une très belle grande fille blonde. Après des mois et des mois de disputes, parfois violentes, Armand disparut de la maison... Nous apprîmes bientôt qu'il s'était engagé à la Légion étrangère, où il se conduisit en véritable héros dans la guerre contre Abd-El Krim.

Quant à moi, j'étais, à l'inverse, le « chouchou » de tous, obéissant, affectueux et brillant étudiant. Bien qu'aimant certes mon père, je craignais surtout sa violence possible vis-à-vis de mon frère et de ma mère, et étais plus proche de ceux-ci. Mon père est resté jusqu'à sa mort mon meilleur ami, mais j'adorais surtout ma mère, qui concentrait aussi son affection sur moi.

Sa fierté de me voir obtenir une bourse d'études pour les États-Unis fut évidemment accompagnée d'une profonde angoisse devant la séparation qu'elle nous imposerait. Elle mourut, hélas, quelques mois avant mon départ, d'un cancer au sein opéré trop tardivement.

Un des souvenirs les plus vivaces de mon enfance est celui de l'entrée des uhlans allemands en 1914. Mais les quatre années et demie d'occupation allemande m'ont aussi fait comprendre que ceux que nous appelions les « sales boches » étaient eux-mêmes des victimes de leurs militaristes. Un des uhlans avait le même âge que mon frère : seize ans. Il était devenu son ami. Nous avons tous pleuré lorsque nous apprîmes sa mort quelques mois après son départ pour le front.

Je pourrais citer nombre d'anecdotes réellement vécues, mais n'y voyez surtout pas de vantardise. Leur but n'est que de marquer un point de vue inverse à la propagande officielle des « mains et seins coupés » qui ont avivé une haine tenace dans les régions et les pays non occupés.

Un officier allemand me fit un jour cadeau d'un petit miroir portant au verso le portrait du Kaiser Guillaume II. Je le lui rapportai le lendemain avec à sa place l'effigie du roi Albert sur son cheval blanc « qui viendrait bientôt chasser les Allemands de notre sol ». Il ne fit qu'en rire et le raconta à ses amis.

Autre anecdote : un petit ami et moi allèrent un jour pisser sur les hautes bottes de cuir de l'officier qui passait une revue des troupes sur la grand place, devant notre maison. Il ne s'en aperçut que grâce au fou rire des troupes et partagea ce rire avec eux...

Cela a-t-il pu influencer ma carrière ?

Pas immédiatement, bien-sûr. Je fus aussi abreuvé de propagande officielle et de militarisme pendant mes études primaires et secondaires. Mais ce « bourrage de crânes » se dissipa rapidement dès mon arrivée à l'Université de Louvain. C'était en 1929 et je me ralliai totalement à l'anti-militarisme d'Einstein et à son refus de servir comme moyen de lutte contre la montée de l'hitlérisme.

Question : Est-ce l'illusion inflationniste de votre père qui vous a conduit à l'économie politique ?

Triffin : Non, c'est sans doute davantage ma fibre pacifiste. Devant faire face au choix d'une carrière, je me demandai comment je pourrais contribuer le mieux à promouvoir l'entente et la paix entre les hommes. Je songeai à la Société des Nations où travaillait Jean Monnet, mais je ne le connaissais pas encore à l'époque, et il me semblait plus faisable d'entrer à la banque centrale en Belgique. Ceci comporterait deux avantages. Le premier est que nombre de fonctionnaires d'une banque centrale sont en contact quotidien avec leurs collègues d'autres pays et forcés de collaborer avec eux à la solution des problèmes monétaires internationaux. La seconde est que la politique de la banque centrale joue dans chaque pays un rôle majeur dans les succès et les échecs de la politique nationale.

Question : Mais qu'est-ce qui vous a permis de faire un tel parcours ?

Triffin : Au moment de mes études moyennes à Péruwelz, un brave curé de village, m'ayant vu à l'œuvre au catéchisme où j'excellais, Dieu sait pourquoi, conseilla à mes parents de m'ouvrir les portes de l'université en m'envoyant au collège. Je fus envoyé à Notre-Dame de la Tombe, à Tournai. Je n'en garde guère un bon souvenir, si ce n'est de gens comme Pierre Halloy, qui deviendra prêtre à Tournai, ou Piron, futur expert juridique au Congo. Comme moi, ils préféraient, au grand dam de nos professeurs, les longues promenades bavardes au sport. Le goût de l'étude m'est sans doute venu du sacrifice que consentaient mes parents pour me payer cet enseignement. Mes brillants résultats me valurent une médaille d'or, mais pas de passeport pour l'université. La Fondation universitaire me refusa une bourse d'études, et ce fut un ami de mon père qui me permit de faire ma première année. Ensuite, la Fondation universitaire se ravisa.

Question : Quels sont les hommes qui ont joué le rôle le plus important dans votre cheminement intellectuel et dans vos convictions ?

Triffin : Mon pacifisme, certes, je le dois à Einstein et Teilhard de Chardin, que je n'ai connus tous deux que par leurs écrits.

J'ai bénéficié immensément, d'autre part, en d'autres domaines, de mes contacts personnels avec une série de géants, parmi lesquels je placerais en premier lieu Jean Monnet. Nous y reviendrons...

J'ai également une énorme dette, en ce qui concerne l'économie politique, à l'égard de Joseph Schumpeter et Vassily Leontieff. Je devrais y ajouter d'autres professeurs, mais surtout les étudiants de la classe la plus brillante qu'ait jamais connue l'Université Harvard (en 1935-1936), tels Paul Samuelson, et Shigeto Tsuru qui, bien que communiste à l'époque, fut l'un des principaux collaborateurs du général MacArthur dans la fantastique reconstruction économique et politique du Japon aux lendemains de la guerre. Un autre de mes amis de Harvard est Arthur Schlesinger Jr., qui devint l'un des principaux conseillers et rédacteurs de discours du président Kennedy.

Je dois mentionner enfin un nom certainement inconnu du grand public d'aujourd'hui, celui du chanoine Draguet, vis-à-vis duquel ma dette est incommensurable, notamment sur le plan religieux.

Question : Vous êtes donc catholique ?

Triffin : Oui, mais dissident au plus haut point, le bon sens étant à mon avis en ce domaine plus encore qu'ailleurs à l'extrême opposé du sens commun.

Question : Quelles sont les racines de cette dissidence ?

Triffin : Mon souvenir le plus ancien est celui d'une conversation avec un petit ami de mon âge, lorsque j'avais environ trois ou quatre ans. Il revenait d'un voyage en Suisse et se vantait d'y avoir voyagé au dessus des nuages. Je fus profondément choqué et déçu d'apprendre qu'il n'y avait vu ni Dieu, ni anges, ni saints. Ce fut là peut-être le début d'une pointe de scepticisme persistant.

Mais mon attitude actuelle est certes marquée de deux influences prépondérantes. La première est une réaction émotive, excessive sans doute, contre les effroyables absurdités, dénoncées et répudiées après Vatican II, de l'enseignement catholique traditionnel : un Dieu omnipotent, inspiré du *pater familias* romain, condamnant au feu éternel les deux créatures qui avaient osé lui désobéir et tous leurs descendants, mais prêt à pardonner à ceux-ci après qu'ils lui eurent sacrifié, en expiation, son propre fils sur la croix, et à réduire, sur l'intercession des saints du paradis, les malheurs dont il les abreuvait sur terre...

La seconde influence, et de loin la plus importante, est l'influence du chanoine Draguet[1], professeur à la faculté de théologie de Louvain, auquel mon meilleur professeur et ami du collège de Kain, l'abbé Sironval, avait demandé de devenir mon directeur de conscience. Étudiant à Louvain, je le voyais chaque semaine, et nos conversations se prolongeaient souvent jusqu'au milieu de la nuit, résumant avec une ironie sarcastique l'essentiel de ses écrits et de son enseignement sur l'histoire du dogme.

Il fut suspendu ignominieusement de son enseignement théologique quelques années plus tard, puis réhabilité. La raison de cette suspension était la suivante. Un de ses étudiants avait publié un livre très applaudi dans les revues scientifiques d'histoire religieuse, mais l'auteur fut accu-

[1] René Draguet est né à Gosselies le 13 février 1896 et décédé à Louvain le 23 décembre 1980. Docteur, puis maître en théologie (1924) avec une thèse consacrée à Julien d'Halicarnasse et sa controverse sur Sévère d'Antioche au sujet de l'imputrescibilité du corps du Christ, il devient maître de conférence (1925) puis professeur ordinaire à l'Université catholique de Louvain (1926) où il enseigna notamment le vieux slave et le syriaque. Responsable, parmi d'autres entreprises scientifiques, du *Corpus Sciptorium Christianorum Orientalium*, René Draguet ne laissa jamais indifférent. Comme l'écrivait la *Revue d'Histoire Écclésiastique* au moment de son décès (LXXVI, n° 1, 1981, p. 164-165) : « Les thèses de René Draguet s'en prennent parfois sans trop de ménagement à beaucoup d'autorités respectées. On ne saurait donc parler à leur sujet d'une réception pacifique ». Le portrait dressé par Gérard Garitte (« Notice sur René Draguet, membre de l'Académie », in *Annuaire de l'Académie Royale de Belgique*, t. CXLVIII, 1982, p. 115-141) est plus explicite encore.

sé d'avoir simplement pillé l'enseignement de Draguet[2]. Lorsque le livre en question fut plus tard mis à l'index par le Vatican, le cardinal Van Roey demanda au recteur de suspendre Draguet et lui interdit de communiquer avec Rome pour se défendre. La réhabilitation n'intervint qu'après qu'un cardinal romain eut pris lui-même l'initiative de rendre visite à Draguet à Louvain[3].

En fait, Van Roey entretenait une haine féroce à l'encontre de Draguet, parce que celui-ci l'avait accusé implicitement de mensonge. Van Roey avait nié, après la mort du cardinal Mercier, que celui-ci ait jamais marqué son accord avec Lord Halifax, aux conversations œcuméniques de Malines, sur la validité des ordinations des évêques anglicans. En tant que secrétaire de ces conversations, Draguet avait certifié l'existence de cet accord.

Question : En quoi Draguet a-t-il influencé vos convictions religieuses ?

Triffin : Je préférerais parler de l'absence de telles convictions. Ce n'est vraiment que vers la fin de ses jours que j'ai compris – ou, du moins, cru comprendre – le fond de la pensée de Draguet. Il était avant tout soucieux de ne pas troubler la paix de l'âme des croyants, et de ne pas imposer aux autres ses propres incertitudes. Il m'a appris la tolérance.

Quant à lui, il ne pouvait accepter ni les certitudes de l'athéisme, ni celles des organisations religieuses qui émergent inévitablement dans tous les lieux et dans tous les temps pour répondre aux questions que se posent inéluctablement les hommes sur le sens de leur vie et sur leur après-mort. Pour Draguet, la véritable religion est exactement l'inverse des religions établies : c'est le sens du mystère, et l'ouverture d'esprit aux tentatives les plus intelligentes et les plus raisonnables de développer la paix, l'entraide et l'amour entre tous les hommes.

C'est aussi une profonde modestie quant à de multiples questions sur l'au-delà, auxquelles nos réponses valent ce que valent celles de notre

---

2 Il s'agit du livre du dominicain L. Charlier intitulé *Essai sur le problème théologique*, Thuillies, Ramgall, 1938.

3 Draguet est suspendu en 1942 (voir Guelluy, R., « Les antécédents de l'encyclique "Humani Generis" dans les sanctions romaines de 1942 : Chenu, Charlier, Draguet », in *Revue d'Histoire Ecclésiastique*, vol. LXXXI, n° 3-4, 1986, p. 421-497) et réhabilité en deux temps. En 1948, il est réintégré à la faculté de théologie et en 1965, la réhabilitation devient complète et officielle. Cette dernière est notifiée au cardinal Suenens, archevêque de Malines-Bruxelles dans la lettre que lui adresse, le 2 juillet 1965, le cardinal Cigognani. Voir à ce sujet Ponthot, J., « In memoriam René Draguet », in *Revue théologique de Louvain*, t. 12, 1981, p. 138-139.

chien ou de notre chat lorsqu'ils essaient de deviner pourquoi nous restons assis à notre bureau, écrivant une lettre, un article ou un livre...

Ma réaction à l'idée de ma mort prochaine, me disait Draguet dans notre dernière conversation, n'est aucunement l'inquiétude. C'est la curiosité.

Question : Quel souvenir conservez-vous de vos condisciples et professeurs de Louvain ?

Triffin : Le plus fameux de mes condisciples à l'époque à l'Université de Louvain est certes Degrelle[4], que je rencontrais de temps en temps au café Majestic, mais qui ne m'était guère sympathique. Mon principal souvenir est celui d'une conversation où il déclara approximativement : « Il faut choisir aujourd'hui entre Rome (c'est-à-dire Mussolini) et Moscou, et en Belgique ce ne peut évidemment être que Rome ! ».

Il me prêta, ce jour-là, un cahier de notes d'histoire dont il était très fier. J'admirai son mélange de couleurs (noir, rouge et vert), mais qui ne pouvait – hélas – dissimuler l'idiotie du texte !

Mes deux premières années à Louvain, je conservai comme meilleur ami Pierre Piron, qui avait été mon principal ami au collège de Kain, où je lui citais presque mot pour mot dans nos promenades, les aventures d'Arsène Lupin. Piron devint célèbre plus tard comme auteur du code juridique[5] et surtout par une rapide ascension jusqu'aux plus hautes sphères de l'administration congolaise. Nous fréquentions les étudiants venus de la même région, trop absorbés à mon avis par les beuveries et autres activités similaires de la « Tournaisienne »[6].

Je ne sais quel heureux hasard me fit heureusement rencontrer un groupe d'amis, dont la plupart s'étaient connus à la meilleure école belge de l'époque : le collège Saint-Michel. Je cite au hasard les Auguste Marin, l'admirable poète du « Front aux Vitres » et de « La

---

4 Né en 1906, Léon Degrelle débute dans l'Action catholique et fonde ensuite le mouvement rexiste qui après un succès électoral marquant en 1936 se délite ensuite rapidement. Il joue à partir de 1940 la carte de la S.S., fonde la Légion Wallonie et combat sur le front de l'Est sous l'uniforme nazi. Passé en Espagne en 1945, il est condamné à mort par contumace. Il meurt à Malaga en 1994.

5 Voir Piron, P., Devos, J., *Codes et lois du Congo belge contenant toutes les dispositions législatives et règlementaires en vigueur et les mesures provinciales les plus usuelles, annotées d'après leur concordance avec la législation belge, les travaux préparatoires et instructions officielles et la jurisprudence des cours et tribunaux*, 8e éd., Bruxelles, Larcier, 1959-1960, 3 vol.

6 Robert Triffin fait ici référence à une association étudiante appelée plus communément « régionale » regroupant sur une base volontaire les étudiants issus d'une même région. Dans le cas d'espèce, il s'agit de la « régionale » des étudiants provenant de Tournai et du Tournaisis.

neige sur les toits »[7], du cinéaste Lucien Deroisy[8], du futur Félicien Marceau[9], du musicien « Happy Feet », et surtout des journalistes de *L'Avant-Garde*, de *La Cité Chrétienne*, etc. : Victor Lagache, Paul Delcorde, Jules Parfait, etc. Moins célèbres, mais non moins stimulants pour notre groupe, furent Louis Verhoestraete dont la carrière internationale culmina dans divers postes supérieurs de l'OMS (Organisation mondiale de la santé), Carlos Houstraete, etc.

Je gagnai bien plus sans doute à leur contact qu'à celui de mes professeurs. La faculté de droit, notamment, était presque nulle à l'époque, se composant surtout d'avocats, certes illustres professionnellement, mais que leur voiture n'amenait à Louvain que pour leurs heures de cours où ils se contentaient de nous lire, année après année, les mêmes notes vieillies par le temps. Il y avait certes quelques exceptions, dont la principale était Jean Dabin. Mais mes rapports avec lui devinrent vite détestables pour deux raisons. La première fut que, lorsque que je me hasardai à lui poser une question sur un juriste français de renom, il me répondit sèchement que si je le préférais à Dabin, je n'avais qu'à quitter Louvain pour Paris ! La seconde est que je le trouvai détestablement intolérant et réactionnaire.

Je m'intéressai bien davantage aux cours de philosophie thomiste, de science diplomatique et surtout de science économique, où j'accumulai des diplômes complémentaires à mon doctorat en droit. Le dicton résumant à l'époque la qualité des professeurs d'économie était aux trois-quarts excellent : « van Zeeland comprend tout et explique tout ; Dupriez comprend tout et n'explique rien ; Baudhuin ne comprend rien et explique tout ; et X – dont je tairai le nom, car l'accusation était trop injuste – ne comprend rien et n'explique rien ».

---

7 Auguste Marin (1911-1940) a collaboré dès la fin des années 1920 à un nombre considérable de revues littéraires parmi lesquelles *La Revue sincère*, *Le Thyrse*, *La Revue générale*, *La Revue nationale* et, surtout *L'Avant-Poste* qui publie une partie substantielle de son œuvre poétique avant sa mort le 24 mai 1940 sur la Lys.

8 Lucien Deroisy (1912-1972) réalise son premier film intitulé *Staal* en 1939. Beaucoup d'autres, appartenant au genre documentaire, suivront jusqu'à sa dernière réalisation qui est aussi la plus connue sans doute parce qu'il s'agit d'une œuvre de fiction : *Les gommes* (1969).

9 Félicien Marceau, nom de plume de Louis Carette, a évoqué, dans *Les années courtes* (Paris, Gallimard, 1968) la naissance et les premières années de *L'Avant-Garde*. Il y dresse notamment le portrait des principaux collaborateurs du journal. De Robert Triffin, Félicien Marceau écrit (p. 192) : « Notre expert financier était Robert, un garçon qui avait l'air d'en être resté à ses douze ans, petit, le visage rond et bouffi, mais le sourire en coin, toujours coiffé d'un béret basque et qui passait haut la main des examens dans des disciplines hermétiques. Il porte toujours le béret basque et il est toujours expert financier, mais du gouvernement américain ».

Van Zeeland était au début d'une carrière politique fulgurante[10]. Il nous enthousiasma à tel point que nous nous serions fait tuer pour lui ; mais la déception fut d'autant plus profonde, lorsque les espoirs qu'il avait fait naître sombrèrent dans sa soif d'honneurs et d'argent, et [que] son art d'être absent [le rendit] incommunicable chaque fois que se posa au pays une crise majeure où il eut dû engager sa responsabilité, notamment lors de l'abdication de Léopold III.

Quant à Dupriez, je lui dois l'énorme dette de m'avoir associé à ses travaux et initié ainsi ma carrière d'économiste pour mes premières publications dans la revue de son institut[11]. Mais nos relations se gâtèrent lorsque je décidai de prolonger mes études à Harvard et d'être le premier belge à y conquérir un Ph.D.

Rentré à Louvain, je fus requis d'écrire une autre thèse pour y obtenir mon doctorat, et d'attendre que François Cracco veuille bien m'abandonner l'un de ses cours pour pouvoir enseigner à l'institut. Ne pouvant vivre de l'air du temps, j'acceptai évidemment avec joie l'offre d'enseigner à Harvard, quittai la Belgique en juin 1939, et fis une carrière de près de quarante ans aux États-Unis, avant de rentrer en Belgique en 1978.

Question : Vos années louvanistes nous mènent à l'avant-guerre : qu'auriez-vous fait en 1940, si vous aviez vécu alors en Belgique plutôt qu'aux États-Unis ?

Triffin : C'est une question que je me suis souvent posée et à laquelle je n'ai pas de réponse sûre. Sans doute aurais-je accompagné dans l'exil de mai 1940, la plupart de mes meilleurs amis, et serais-je retourné aisément à Harvard, au lieu de rentrer en Belgique.

Je ne puis cependant exclure totalement une autre hypothèse.

J'avais longuement combattu avec Jules Parfait au journal *L'Avant-Garde*, dirigé par les frères Seigneur, pour une politique étrangère d'indépendance susceptible de préserver le territoire belge d'une invasion de plus en plus menaçante de l'Allemagne hitlérienne, et pour la révision radicale d'une politique intérieure dominée par ce que nous appelions le « mur d'argent », où le président du Parti ouvrier belge

---

[10] Le 5 janvier 1939, Paul van Zeeland écrivait à Robert Triffin : « Cher Monsieur Triffin, Rentré hier, j'ai trouvé sur mon bureau votre lettre du 29 décembre 1938. Je suis heureux de recevoir de vos nouvelles. J'ai entendu faire de vous, aux États-Unis, un très vif éloge et je tiens à vous féliciter du souvenir que vous avez laissé là-bas. Je me réjouis de lire bientôt vos travaux. Je serai enchanté d'avoir l'occasion de vous revoir et de parler de tout cela un peu plus à l'aise avec vous. À bientôt donc et cordialement à vous. Paul van Zeeland. »

[11] Il s'agit de l'Institut de recherches économiques de l'Université catholique de Louvain fondé en 1928. Léon-H. Dupriez (1901-1986) en fut la cheville ouvrière.

Émile Vandervelde et nombre d'autres chefs socialistes nous apparaissaient acoquinés avec la « haute finance » dirigée de main de maître par le banquier Émile Francqui, de la Société générale et, selon Raymond De Becker, un autre grand banquier que celui-ci n'identifie que par l'initiale « F... », sans doute Fabri[12].

Nous obtînmes en 1935, je pense, un succès inespéré et crucial : la publication dans *L'Avant-Garde* d'un article du ministre Prosper Poullet prônant la rupture de l'alliance militaire avec la France[13], et présageant la politique d'indépendance qu'allaient poursuivre Léopold III et ses principaux ministres, particulièrement Paul-Henri Spaak et Henri De Man[14].

J'entrai, avec d'autres amis « gauchistes » en contact avec eux dans l'éblouissant salon d'une dame aussi intelligente que belle : Madame Didier, fille du ministre libéral Paul-Émile Janson[15], où nous nous réunissions plusieurs soirées par semaine pour discuter concrètement des moyens pratiques de préserver la paix avec divers hommes d'État et leurs conseillers les plus proches, belges et étrangers, y compris le futur conseiller de l'ambassade d'Allemagne à Bruxelles, durant la « drôle de guerre » », Max Liebe, et surtout le futur ambassadeur allemand à Paris, Otto Abetz.

J'acquis au cours de ces réunions un enthousiasme grandissant pour Henri De Man, son « plan du Travail », son projet de nationalisation des banques, d'une affectation partielle du service militaire à l'indispensable accomplissement des tâches civiles les plus désagréables que le capitalisme ne pouvait imposer qu'aux plus pauvres membres de notre société, etc., etc. L'aurais-je suivi dans un « socialisme national » et sa tentative prolongée de le faire prévaloir à la faveur de l'occupation allemande ?

Je ne le crois pas, car l'invasion de la Pologne marqua un tournant radical de la philosophie politique que je partageais jusque là avec la plupart de mes amis de *L'Avant-Garde*, et particulièrement Jules Parfait.

Nous étions convaincus, comme tous les intellectuels et politiciens pacifiques de cette époque, qu'une révision du « Diktaat » de Versailles

---

12 Voir, pour ce résumé et ce qui suit, le livre extraordinairement révélateur où De Becker tenta d'expliquer sa collaboration au nazisme : *Le livre des vivants et des morts*, Bruxelles et Paris, Éditions de la Toison d'Or, 1942, particulièrement p. 182 et sv.

13 Triffin fait ici référence à l'accord militaire secret franco-belge de 1920.

14 L'article en question, signé Jules Parfait, a paru dans *L'Avant-Garde* du 9 mai 1935 sous le titre « La Belgique et sa politique internationale. Un entretien de "L'avant-garde" avec le Vicomte Poullet ».

15 Triffin se trompe en déclarant que Lucienne Didier, née Bauwens, était la fille de Paul-Émile Janson.

était le seul moyen non seulement de contrer la montée d'Hitler et le déclenchement de la Seconde Guerre mondiale, mais aussi de corriger des injustices criantes, aux antipodes des quatorze points du président Wilson.

J'en citerai particulièrement deux.

La première était l'incorporation dans l'État tchécoslovaque des territoires allemands de l'Ouest. Nous applaudîmes donc les accords de Munich négociés avec Hitler par Chamberlain et Daladier et qui eussent, si Hitler n'avait pas été le fou qu'il était, assuré la paix dans l'avenir prévisible.

La seconde était la séparation entre la Prusse et l'Allemagne résultant de l'intégration de millions d'Allemands dans l'État polonais. Nous prônions donc la création d'un corridor permettant de corriger cette seconde injustice dans toute la mesure du possible.

Mais l'invasion de la Pologne démontra de toute évidence que les arguments raciaux d'Hitler ne limiteraient pas ses ambitions impérialistes de dominer l'Europe entière, sinon le monde. Nous nous résignâmes donc à l'inévitabilité d'une Seconde Guerre mondiale et à la nécessité d'unir contre la folie hitlérienne tous les appuis possibles en Belgique, en Europe et surtout aux États-Unis.

Septembre 1939 mit définitivement fin à notre flirt avec le « socialisme national » d'Henri De Man. Certes, l'échec des tentatives d'apaisement de l'hitlérisme a donné à ce terme « apaisement » une connotation péjorative qu'il n'avait pas auparavant. Bien au contraire : qui eût pu condamner une politique visant à – suivant *Le Petit Robert* – « amener (qqn) à des dispositions plus paisibles, plus favorables » ? Si elle n'a pu apaiser le fou fanatique qu'était Hitler, c'est néanmoins la seule qui, poursuivie plus tôt, eût pu empêcher son arrivée au pouvoir.

Je reste certes fier d'avoir participé, dès leur début, aux efforts déployés pour corriger les injustices criantes des traités de 1919 dépeçant l'Allemagne et l'Autriche-Hongrie entre la Tchécoslovaquie, la Pologne et la Yougoslavie et annexant à ces trois pays de vastes minorités raciales, auxquelles ils ne pouvaient imposer leur autorité que par des mesures discriminatoires intenables à long terme.

Les événements de 1939 engendrèrent une scission profonde parmi mes amis entre les futurs collaborationnistes, De Man et De Becker, notamment, et ceux qui, comme Jules Parfait et mes autres amis les plus intimes de *L'Avant-Garde*, comprirent l'inévitabilité d'une nouvelle « der des ders », et la nécessité d'unir contre l'esclavagisme racial de l'Hitler de *Mein Kampf* tous les appuis possibles en Belgique, en Europe et dans le monde.

Mon retour aux États-Unis, en juin 1939, me rangea naturellement parmi les seconds, mais je me suis souvent demandé ce que j'aurais fait si mai 1940 m'avait trouvé encore en Belgique. La lecture du livre extraordinairement révélateur où De Becker tenta d'expliquer sa collaboration au nazisme me convainc aisément que je n'aurais jamais suivi dans cette voie un homme certes sincère, mais dont l'intelligence était obnubilée par une émotivité délirante le menant temporairement jusqu'au mysticisme et des « visions » hallucinatoires.

Mais je confesse avoir été totalement séduit par la personnalité et les idées d'Henri De Man. Contrairement à son « socialisme national », je restais certes attaché au « socialisme international ». Mais aucun homme d'État n'a jamais combattu aussi intelligemment et tenacement que lui pour la réalisation pratique de convictions politiques identiques aux miennes et exprimées en un style que je lui envie dans ces admirables passages de son livre, *Cavalier Seul* (Genève, Les éditions du cheval ailé, 1948) :

> La grosse question, celle dont dépend tout le reste, c'est de créer les conditions générales qui, en réduisant la peur, réduisent la haine, et élargissent jusqu'à comprendre finalement l'humanité entière, le cercle des prochains qu'il est possible d'aimer (p. 120).
>
> Je suis et reste fier d'être citoyen du monde, d'un monde qui englobe toutes les nations qui ont contribué et contribuent encore à former le patrimoine commun de la civilisation humaine (p. 137).
>
> Partant [...] de la critique du réformisme, de l'embourgeoisement et de la « nationalisation » du socialisme [...], j'aboutissais ainsi à dissocier le socialisme de la lutte des classes pour le rattacher à des mobiles généralement humains, tels que le sens de la justice et de la dignité personnelle (p. 48-149).
>
> Les mêmes ressentiments sociaux peuvent nourrir, presque indifféremment, le socialisme et le nationalisme [...]. Il n'y a là que deux formes différentes d'infériorité collective [...]. Pour éviter ce détournement aux dépens du socialisme et de la paix, il faut s'attaquer au nationalisme en soi : le nationalisme, voilà l'ennemi (p. 155) !
>
> Parmi toutes les bonnes choses que la vie m'a données ou permis de garder, je compte comme l'une des plus précieuses la faculté de sourire de tout et de tous, à commencer par soi-même. À cette condition, on peut, selon la maxime de Kipling « rencontrer le triomphe et le désastre, et traiter ces deux imposteurs de la même façon » (p. 309).

Certaines idées mettaient évidemment De Man en opposition avec les principaux dirigeants du Parti ouvrier belge, théoriquement attachés au marxisme traditionnel, mais étroitement liés en fait à la haute finance, et notamment au grand manitou de la Société générale de Belgique,

Émile Francqui[16]. De Man considérait, à juste titre, que la politique déflationniste dictée par eux aux gouvernements belges de l'époque était responsable d'une crise économique et d'un chômage désastreux pour le pays.

Chassé d'Allemagne par l'arrivée d'Hitler au pouvoir, il faisait approuver avec enthousiasme par le Parti ouvrier belge, à son congrès de Noël 1933, son « plan du Travail » et était élu vice-président du parti.

Il négocia avec le vice-gouverneur de la Banque nationale, Paul van Zeeland, la mise en œuvre, en mars 1935, d'un programme de redressement économique dont le succès immédiat dépassa toutes les espérances et eût pour un temps un retentissement considérable à l'étranger[17]. Mais il dut accepter, à l'insistance de van Zeeland, de mitiger ou remettre à plus tard les réformes structurelles de son plan, dont particulièrement la nationalisation des banques privées.

Sa participation au gouvernement le mit évidemment en rapport avec le roi Léopold III, qui joua sans doute lui-même un rôle essentiel dans la mise en place du gouvernement van Zeeland et le renversement de la politique économique du pays.

La préoccupation principale et grandissante du Roi avait cependant trait à la politique internationale et au danger de voir la Belgique impliquée de nouveau dans une nouvelle guerre mondiale. Il chercha désespérément à l'éviter, notamment par « une nouvelle réunion des "puissances de Munich", à la suite d'une initiative des États d'Oslo, et consacrée à discuter toutes les questions dont pouvait dépendre le maintien de la paix »[18]. Mais si la guerre ne pouvait être évitée, il conservait néanmoins quelqu'espoir qu'une politique belge de neutralité, indépendante de la France comme de l'Allemagne, pourrait l'épargner à son pays.

Cette politique rallia l'appui des gouvernements qui se succédèrent à partir de 1937, et dans lesquels Spaak et De Man jouèrent tous deux un rôle essentiel[19]. Le souvenir du passé faisait cependant craindre le

---

16 Émile Francqui (1862-1935) devient gouverneur de la Société générale de Belgique en 1932. Triffin fait ici allusion à sa présence – sans portefeuille ministériel défini – dans le gouvernement Theunis, dit « gouvernement des banquiers », de novembre 1934 à mars 1935.

17 Paul van Zeeland (1893-1972) dirige deux gouvernements. Le premier du 25 mars 1935 au 26 mai 1936, le second du 13 juin 1936 au 25 octobre 1937, date à laquelle il démissionne à la suite des accusations formulées contre lui au sujet de la « cagnotte » dont il aurait disposé sans rendre de comptes lorsqu'il était vice-gouverneur de la Banque nationale de Belgique.

18 De Man, H., *Cavalier seul*, Genève, éd. du Cheval ailé, 1948, p. 203.

19 Les gouvernements auxquels Triffin fait allusion sont les gouvernements Janson, Spaak et Pierlot. Spaak détient le portefeuille des Affaires étrangères dans les deux

pire au Roi: l'invasion de la Belgique et une victoire, tout au moins temporaire, de l'Allemagne. Le Roi était déterminé, en ce cas, à suivre l'exemple de son père et à rester comme lui en Belgique, même si ses ministres décidaient de former un gouvernement en exil à l'étranger. On ne peut même écarter l'hypothèse qu'il ait considéré comme un devoir de sa charge – très brièvement seulement, heureusement – la possibilité de jouer sur les deux tableaux en demeurant roi, sous l'occupation allemande, d'un gouvernement alternatif en Belgique, présidé probablement par De Man.

Il ne fait aucun doute en tout cas que telle fut aussi l'illusion de De Man, tous deux espérant pouvoir ainsi atténuer les souffrances et les injustices à attendre de l'occupation allemande. De Man y réussit en fait partiellement, en obtenant l'appui des militaires de carrière, tels le gouverneur von Falkenhausen, contre la Gestapo et les SS hitlériens.

Quant à moi, rentré à l'Université Harvard, aux États-Unis, pour les raisons mentionnées plus haut, ma principale préoccupation fut de défendre la capitulation du Roi devant l'opinion américaine prévalante d'avoir lâchement trahi ses alliés français et anglais. La documentation obtenue du « Committee for Relief of Belgium » me fut la plus précieuse à cet égard. Spaak lui-même me déclara en public, quelques années plus tard, que la faute politique qu'il regrettait le plus était d'avoir trahi le Roi à Wijnendael et à Limoges[20], sous la pression de Pierlot et de Reynaud.

Je ne puis dès lors que comprendre et excuser le manifeste collaborationniste de De Man du 28 juin 1940[21], basé sur l'idée que, « puisque l'unité de l'Europe n'a pu sortir du libre effort des peuples se gouvernant eux-mêmes, qu'elle sorte au moins du nivellement des fonctions par les armes victorieuses du plus fort »[22].

---

premiers cités. De Man, en revanche, ministre des Finances dans le gouvernement Janson, démissionne de ses fonctions en mars 1938.

20 Triffin fait référence, d'une part, à l'entretien qui, le 25 mai 1940 à l'aube, réunit au château de Wynendaele près de Bruges, le Roi, le Premier ministre Pierlot, et les ministres Spaak, Denis et Vanderpoorten. Léopold III refuse ce matin-là d'accompagner ses ministres qui entendent poursuivre la guerre et annonce qu'il considère devoir rester en Belgique après la victoire allemande. D'autre part, l'allusion à Limoges vise la réunion des parlementaires belges qui, le 31 mai 1940, votent une motion condamnant la décision du Roi de capituler (28 mai) et se déclarent solidaires de l'attitude du gouvernement.

21 Le manifeste paraît dans *La Gazette de Charleroi* du 3 juillet 1940 et dans *Le Soir*, *Vooruit* et *Volk en Staat* du 6 juillet.

22 De Man, H., *Cavalier seul*, Genève, éd. du Cheval ailé, 1948, p. 251.

Il est évidemment impossible de justifier la persistance de cette collaboration jusqu'en juillet 1941 tout au moins. Mais il m'eut été trop facile de la condamner des États-Unis, alors que la plupart des ministres du gouvernement Pierlot – avec quelques brillantes exceptions, telles celles de Camille Gutt – sollicitaient de l'Allemagne l'autorisation de rentrer en Belgique.

Question : Revenons-en aux débuts de votre carrière américaine.

Triffin : J'avais obtenu en 1935 une bourse de la CRB pour poursuivre mes études aux États-Unis (CRB signifie « Committee for Relief of Belgium », dont la traduction littérale signifierait que ce comité permettait à la Belgique de « se débarrasser » de nous !)[23].

Je me rendis compte dès mon arrivée à Harvard, que Louvain ne m'avait rien appris de la théorie économique et je fus littéralement emballé par deux autres des grands hommes que j'eus le privilège d'y côtoyer : Joseph Schumpeter et Vassily Leontieff. Je fus le premier CRBiste à y rester trois ans et à y conquérir aussi rapidement un Ph.D en économie et le Wells Prize de Harvard (1940) pour la meilleure thèse de doctorat de l'année, publiée sous le titre *Monopolistic Competition and General Equilibrium Theory*[24].

Question : Que signifiait ce titre ?

Triffin : Bien simplement que les théories alors en vogue sur la « concurrence imparfaite » (de Joan Robinson, professeur à Cambridge[25]) et sur la concurrence monopolistique (d'Edward Chamberlin, professeur à Harvard[26]) n'avaient aucune originalité. Elles étaient basées sur le cadre de ce que l'on appelle l'équilibre particulier du fameux Alfred

---

23 Docteur en droit en 1934, Robert Triffin, assistant à l'Institut des sciences économiques en 1934-1935, est licencié en sciences économiques le 19 juillet 1935. Il est Graduate Fellow de la Commission for Relief of Belgium de septembre 1935 à août 1938. Durant cette période, il publie dans le *Bulletin de l'IRES* (9e année, n° 11, novembre 1937, p. 19-52) un article remarqué sous le titre « La théorie de la surévaluation et la dévaluation du franc belge ». Revenu en Belgique, Robert Triffin enseigne, en 1938-1939 (voir *Annuaire de l'Université catholique de Louvain*, 1939-1940, p. 37) l'économie des transports, le commerce international et interrégional et l'économie agraire. CRB Visiting Scientist en juillet 1939, Robert Triffin passe quelques temps à Colorado Springs dans le cadre de la Cocules Commission on Economics and Statistics, avant de rejoindre Harvard (voir *Belgian and American CRB Fellows, 1920-1950. Biographical Directory*, New York, Belgian American Educational Foundation, 1950, p. 113-114).

24 Voir les annexes 1 et 2 relatives au séjour américain de Robert Triffin.

25 Joan Robinson (1903-1983) avait publié en 1933 *The Economics of Imperfect Competition.*

26 Edward Chamberlin (1899-1967) avait publié *The Theory of Economic Competition* en 1933. Il enseigne à Harvard à partir de 1937.

Marshall, divisant l'économie par secteurs industriels. Robinson et Chamberlin démontraient que la plupart de ces secteurs n'étaient soumis ni à un total monopole, ni à la concurrence parfaite, mais à un mélange des deux. Ma thèse rappelait simplement que dans le cadre de l'équilibre général de Walras et Pareto (bien supérieurs à Marshall) il n'existait pas de monopole absolu, chaque « monopoliste » devant affronter sur le marché la concurrence de multiples entreprises appartenant à d'autres industries.

Question : Mais pourquoi alors n'avez-vous pas continué votre carrière académique en Belgique ? Votre succès à Harvard aurait dû vous y assurer le même succès à Louvain ou ailleurs.

Triffin : Pour une série de raisons, d'importance très différente. La première, mais la moindre, fut la déception du professeur Léon-H. Dupriez que je n'aie pas poursuivi à Harvard les études de localisation de l'industrie qu'il m'avait assignées. Il n'admettait pas, en outre, que mon doctorat de Harvard me dispense d'écrire une autre thèse pour conquérir un doctorat à Louvain.

La seconde était que tant les universités belges que la Banque nationale n'avaient nommé jusqu'alors que très peu de Flamands. Je devrais attendre plusieurs années avant que la nomination d'un nombre suffisant de Flamands leur permette d'y nommer des Wallons.

J'acceptais certes cette discrimination temporaire comme totalement justifiée, mais je ne pouvais vivre de l'air du temps ! Harvard m'offrait un poste d'assistant, décemment rémunéré – 2 500 dollars par an –, au lieu de l'équivalent de moins de 300 dollars que j'avais pu décrocher à Louvain comme assistant bibliothécaire et professeur de transports auxquels je ne connaissais rien !

Je pris donc le « Normandie » pour l'Amérique en juin 1939 et y fus l'heureuse victime d'un coup de foudre pour une passagère américaine : Loïs Brandt. Six heures d'une passionnante conversation me suffirent pour que je lui demande sa main. Elle prétendit me croire fou, mais réserva son « oui » comme cadeau d'anniversaire, le 5 octobre suivant. Nous attendîmes cependant jusqu'à la fin de l'année académique pour nous épouser, le 30 mai 1940, et profiter de longues vacances pour notre lune de miel.

Question : Le 30 mai 1940 ? Deux jours seulement après la capitulation de la Belgique devant les troupes allemandes ?

Triffin : Hélas, oui ! Mais je laisse à Hitler le plein crédit de cette effroyable coïncidence.

Question : Votre projet d'entrer dans une banque centrale s'est ensuite réalisé, pas en Belgique mais bien aux États-Unis.

Triffin : Après ma thèse, je commençai par enseigner à Harvard pendant les trois ans (1939-1942) de mon mandat d'instructeur, mais ma carrière académique fut brutalement interrompue pour près de dix années par l'entrée en guerre des États-Unis. Attiré à Washington, comme beaucoup d'autres économistes, j'eus à choisir entre une douzaine de postes alternatifs. J'éliminai aisément celui que m'offrait l'OSS (Office of Strategic Services), ancêtre de la CIA (Central Intelligence Agency) d'aujourd'hui : choisir, d'un confortable fauteuil à Langley, les villes belges que devrait bombarder l'aviation. Et je revins à mes premières amours en entrant au Federal Reserve Board (FRB) pour prendre en charge les relations à établir avec l'Amérique latine.

Une première mission, au Honduras, se solda par un échec total, mais la deuxième, au Paraguay fut couronnée par un succès aussi rapide et éclatant qu'inattendu. D'où une série de requêtes au Federal Reserve Board de me confier la direction de missions similaires et efficaces de réformes monétaires et bancaires dans d'autres pays d'Amérique latine[27].

J'aurais dû prévoir l'échec de ma mission au Honduras avant même de prendre l'avion, pour la première fois de ma vie. En effet, le président de United Fruit avait pris la peine de me rendre visite lui-même, dans mon bureau à la Réserve fédérale pour me remettre le projet final que je n'aurais qu'à remettre moi-même aux autorités du Honduras[28].

Le problème à résoudre était le suivant : la balance des paiements du pays accumulait d'énormes excédents, en raison de la diminution des exportations américaines dues à la guerre et de l'augmentationn des exportations de bananes par le Honduras vers les États-Unis. Comment régler ces excédents ?

On le faisait en fait en vendant au Honduras, à leur valeur nominale plutôt qu'à leur valeur métallique bien inférieure, des pièces d'argent américaines circulant comme monnaie nationale dans ce pays. La United Fruit proposait généreusement [sourire entendu] de faire imprimer des billets de banque honduriens par une de ses succursales à la Nouvelle Orléans – une blanchisserie si mes souvenirs sont exacts ! – mais évidemment contre le dépôt de l'équivalent en dollars correspondant aux créances accumulées par le Honduras dans sa balance des paiements.

---

27 Sur les missions de Robert Triffin en Amérique latine, voir Helleiner, E., « Central Bankers as good Neighbours : US Money Doctors in Latin America during the 1940s », in *Financial History Review*, vol. 16, n° 1, 2009, p. 5-25.

28 Le président d'United Fruit est alors Samuel Zemurray.

Je fis évidemment fi de cette suggestion, mais la manne financière de United Fruit aux politiciens du Honduras les convainquit aisément de faire fi des miennes.

Question : Et que fut votre deuxième mission, celle du Paraguay ?

Triffin : Le problème monétaire du Paraguay était tout différent : sa monnaie, baptisée bizarrement « peso oro sellado », c'est-à-dire peso d'or scellé, était émise pour une infime partie contre quelques pièces de monnaie et dents d'or, enterrées dans les caves de la banque centrale, mais surtout contre des créances accumulées sur l'Argentine et bien plus encore contre des crédits domestiques. Le peso d'or scellé était tombé en fait à environ 360 par dollar au marché officiel, pour ne rien dire du marché noir.

Le gérant de la Banque du Paraguay, Harmodio Gonzalez, avait reçu des États-Unis une bourse d'études et été accueilli par la Trésorerie, où l'on ne s'intéressait guère à lui. Une brève visite au FRB le mit en contact avec moi. Il s'enthousiasma de nos conversations et, de retour dans son pays, fit solliciter par son président une mission Triffin au Paraguay.

Je proposai au Board d'examiner les projets de réforme que je comptais suggérer, mais le Board décida que cela pouvait attendre jusqu'à mon retour. Une mission précédente à Cuba, trois ans auparavant, n'avait pas encore terminé son rapport et le Board s'attendait à une expérience similaire au Paraguay.

Il fut donc éberlué de recevoir, trois semaines seulement après mon arrivée à Asunción, capitale du Paraguay, un câble lui annonçant que mon projet monétaire avait été approuvé et était entré en application, et demandant si je pouvais discuter avec les Paraguayens mes propositions de réforme de la législation bancaire. Je reçus l'ordre de rentrer immédiatement à Washington !

Une séance de plus de deux heures me permit d'expliquer les raisons présumées de mon succès et, en outre, de présenter un rapide aperçu des brèves visites que j'avais faites dans toutes les banques centrales où mon avion avait fait escale.

Quelques minutes plus tard, le directeur des recherches qui était mon chef venait m'annoncer que le Board avait doublé mes appointements et me laissait toute latitude pour continuer ma mission.

Question : Quelles étaient ces réformes ?

Triffin : Tout d'abord le remplacement du peso, devenu un « centimo », par une monnaie cent fois plus forte, baptisée du nom de la population indigène du Paraguay : « Guarani ». À la différence de la réforme similaire du président de Gaulle, dix-huit ans plus tard, en 1960, le guarani fut immédiatement accepté par la population et il ne subsista ni peso ni guarani léger dans le vocabulaire du Paraguay.

Ensuite et surtout, l'abolition des restrictions quantitatives de commerce et de changes – invite permanente à une concussion effrénée de fonctionnaires mal payés –, leur remplacement par des taux de change multiples subsidiant les importations essentielles et pénalisant les produits de luxe, et l'aide administrative d'experts d'Amérique latine – Raoul Prebisch notamment, le grand réformateur et dirigeant de la Banque d'Argentine. Enfin, en ce qui concerne la législation bancaire, le remplacement de réserves obligatoires proportionnelles aux dépôts par des quotients entre réserves et portefeuille de prêts, progressant de niveaux très modestes pour les investissements les plus désirables à des niveaux de plus en plus élevés pour les autres. Le Federal Reserve Board s'intéressa particulièrement à cette réforme qu'il eût souhaité pouvoir imiter lui-même.

Quant à la rapidité avec laquelle ces réformes furent légiférées, elle était due évidemment au fait que la dictature en place[29] pouvait les adopter par décrets faisant force de loi, mais aussi au fait que j'en rédigeai les projets directement en espagnol et répondais immédiatement aux questions et objections de mes interlocuteurs paraguayens, au lieu de leur demander d'attendre jusqu'à ce que je puisse obtenir l'approbation de Washington.

L'étroite et amicale collaboration de Pedretti, président de la Banque du Paraguay – y compris pour la correction de mon espagnol – fut l'un des facteurs cruciaux de ce rapide et total succès[30].

Question : Mais Washington aurait-il été d'accord ?

Triffin : Certes pas la Trésorerie qui souleva de violentes critiques, mais elles n'ébranlèrent pas l'appui du FRB courageusement dirigé à l'époque par le gouverneur Eccles[31], qui refusa même d'accepter une lettre non datée de démission que je lui offris pour l'aider au cas où il rencontrerait par ma faute trop de difficultés politiques.

---

29 Le président du Paraguay est alors le général Higinio Marinigo Martinez qui exerce ses fonctions de 1940 à 1948.

30 Voir Banco Del Paraguay, *Ley organica del Banco del Paraguay y Ley de bancos*, Asunción, La Colmena, 1944. L'ouvrage contient deux contributions. La première est due à Carlos A. Pedretti et porte sur la réforme bancaire. La seconde est de la plume de Triffin qui livre une information technique sur la loi organique de la Banque du Paraguay.

31 Marriner Stoddard Eccles (1890-1977) est nommé à la tête du FRB par Roosevelt en 1934. Il quitte sa fonction de président en 1948.

C'est ainsi que dans une mission subséquente en République dominicaine, avec mon collègue de la Banque fédérale de Réserve de New York, Henry Wallich[32], j'y fis même démonétiser le dollar qui y circulait jusque là en l'absence d'une monnaie nationale.

Notre proposition de création d'une monnaie nationale faillit y échouer en dernière minute lorsque l'infâme dictateur de ce pays, Trujillo[33], insista pour que les billets portent son effigie. Son ministre des Finances avec lequel nous collaborions craignait à juste titre que les résidents du pays couvrent les billets d'inscriptions injurieuses pour Trujillo. Je résolus rapidement le problème en faisant remarquer à Trujillo qu'il serait indigne de lui d'utiliser son portrait pour des billets de peu de valeur. Il ne devrait autoriser son utilisation que sur le billet de plus haute valeur, qui serait un billet de 10 000 pesos. Aucune crainte que ses détenteurs éventuels y manifestent leur opposition !

Question : Vous avez eu le même problème avec le dictateur du Guatemala, le président Ubico ?[34]

Triffin : Non ! Bien au contraire, Ubico venait de démissionner[35], probablement par superstition. Il avait en cage un quetzal, oiseau sacré du Guatemala, et cet oiseau venait de mourir. Des centaines d'étudiants et autres opposants au régime vinrent se promener autour du palais présidentiel, portant un cercueil avec le nom d'Ubico. Celui-ci se résigna à remettre ses pouvoirs à un Congrès élu démocratiquement, lequel désigna finalement comme Président un professeur de philosophie exilé en Argentine, Arévalo[36], qui prit comme président du Conseil un immigrant suisse, Arbenz, qui manifesta immédiatement un vif intérêt pour ma mission et mes propositions de réforme[37]. Occupé pendant la journée, il me voyait surtout le soir et nos conversations amicales se prolongeaient tard dans la nuit.

C'était un homme de centre gauche, extrêmement sympathique, que je comparerais à Henri De Man. L'une de ses principales préoccupations

---

32 Henry Wallich (1914-1988) poursuivra sa carrière au sein du FRB dont il sera membre du Board of Governors jusque 1986.

33 Le général Rafael Trujillo (1891-1961) est président de la République dominicaine de 1930 à 1938 et de 1942 à 1952. Si son frère Hector est le président depuis cette date, Rafael, ministre des Affaires étrangères, demeure l'homme fort du régime.

34 José Ubico y Castenada (1878-1946), surnommé « le petit Napoléon des tropiques » est président du Guatemala de 1931 à 1944.

35 La démission d'Ubico survient le 25 juin 1944 à l'issue de plusieurs jours de manifestations populaires.

36 Juan José Arévalo (1904-1990) est président de la République du 15 mars 1945 au 15 mars 1951.

37 Arbenz était ministre de la Défense et non président du Conseil.

était la misère d'une région de son pays laissée en friche par United Fruit qui en avait acquis la propriété ! En désespoir de cause, Arbenz avait décidé de nationaliser ces terres, en dédommageant United Fruit à un prix agréé. Mais United Fruit ne pouvait digérer cette atteinte à sa puissance et sollicita l'appui politique de l'administration Eisenhower pour renverser Arbenz et le remplacer par son propre candidat : Castillo Armas[38].

J'ai pu voir à la télévision américaine, quelques années plus tard, comment s'était déroulée concrètement cette opération. Je m'en souviens très bien. Un employé de la CIA apparaît sur l'écran dans son avion, vantant la douce vie qu'il mène, n'étant chargé que de rares missions. Celle qu'il considérait comme son plus grand succès était le renversement d'Arbenz. Il lui suffit, racontait-il, de bombarder une nuit un dépôt de vivres à Guatemala City pour que les militaires renvoient Arbenz. Mais le nouveau président installé par eux le lendemain n'était pas celui que préféraient les États-Unis. Il retourna donc à Guatemala City la nuit suivante et un second bombardement convainquit les militaires de mettre au pouvoir le candidat souhaité par l'Amérique, Castillo Armas.

Personne ne pouvait s'en étonner, car le 4 juillet précédent aucun membre du gouvernement n'avait été invité aux fêtes de l'indépendance de l'ambassade. Aux journalistes qui s'en étonnaient, l'ambassadeur Peurifoy[39] – célèbre pour avoir aidé les colonels grecs dans leur coup d'État contre la monarchie – répondit qu'il eût été absurde de gâcher du papier pour inviter des hurluberlus (« ginks » en anglais) qui ne seraient plus au pouvoir à cette date.

Question : Mais comment peut-on expliquer une telle attitude de la part d'un pays aussi démocratique que les États-Unis ?

Triffin : Par la phobie du communisme qui domine de façon invraisemblable la politique étrangère des États-Unis. Arbenz savait que ceux-ci avaient promis leur aide militaire au pays voisin, le Honduras, pour attaquer le Guatemala. Ne pouvant évidemment obtenir une aide militaire américaine pour repousser cette attaque, il l'avait sollicitée de l'URSS.

---

[38] Jacobo Arbenz Guzman (1919-1971) est président du Guatemala de 1951 à 1954, date à laquelle il est renversé par le lieutenant-colonel Carlos Castillo Armas qui sera assassiné trois ans plus tard. Le complot de la CIA est connu sous le nom de code PBSUCCESS.

[39] John Emil Peurifoy (1907-1955) est ambassadeur en Grèce en 1950 puis au Guatemala en 1953 et 1954. Triffin télescope ici le coup d'État des colonels de 1967 avec les interventions de Peurifoy dans les affaires intérieures grecques de 1950 à 1952 qui ont laissé de très mauvais souvenirs.

L'un des grands manitous du Département d'État, avec lequel j'entretenais les relations les plus amicales et qui fut mon principal appui contre la Trésorerie dans la négociation de l'Union européenne des paiements (UEP), Richard M. Bissell, Jr[40], m'en donna l'explication suivante : la guerre chaude est bien pire que la guerre froide et celle-ci est donc hautement souhaitable et justifiée, même si elle requiert des méthodes répugnantes en elles-mêmes... telles celles dont on accuse volontiers la CIA et pouvant aller jusqu'à des assassinats individuels de personnalités politiques pro-communistes.

Question : Les Russes ne faisaient-ils pas la même chose ?

Triffin : Certes, la politique est dominée dans tous les pays par l'infime minorité de « faucons » et de « colombes » dont la querelle divise également une opinion publique qui resterait sinon apathique et plutôt pacifique. Les faucons américains qui dénoncent l'impérialisme russe seraient eux-mêmes les promoteurs de cet impérialisme s'ils vivaient à Moscou.

Question : Votre carrière américaine ne faisait que commencer ?

Triffin : Le Fonds monétaire international (FMI) m'invita ensuite à poursuivre le même travail et je fus l'un des tous premiers à y être nommé en 1946. Les dernières réformes fondamentales et globales que je parvins à effectuer en Équateur sont celles dont je reste le plus fier[41].

Mais j'abandonnai l'Amérique latine en 1947 pour prendre la direction de la première agence du FMI en Europe. La proposition que j'y formulai pour la création de l'UEP souleva immédiatement une farouche opposition de la Trésorerie américaine, qui rendit impossible sa négociation par le Fonds.

Elle enthousiasma, au contraire, le Département d'État, dont j'acceptai en 1949 l'invitation pressante de prendre un congé au FMI afin de négocier, en tant qu'expert du plan Marshall en Europe, l'adoption de l'UEP en 1950.

Mon refus, un an plus tard, de suivre une initiative malhonnête et désastreuse de l'administration Eisenhower m'amena à démissionner pour reprendre mes activités académiques à Yale University. Ces activités se complétèrent étroitement, de 1951 à 1977, avec diverses activités gouvernementales aux États-Unis, en Europe et aux Nations

---

40 Richard M. Bissell Jr (1910-1994) est lié à la mise en place du plan Marshall dont il est le délégué en Allemagne en 1948. Candidat malheureux à la direction de l'ECA, il rentre aux États-Unis où il poursuivra sa carrière au sein de la CIA.

41 Triffin y contribue à l'introduction d'un système de « Multiple Exchange Rates » en 1947.

unies, me permettant aisément de refuser toutes instructions officielles inacceptables sans aucun risque d'exposer ma famille à mourir de faim.

Question : Vous avez ensuite été parmi les conseillers économiques de Kennedy. Quelle vision de Kennedy avez-vous gardée ?

Triffin : Dans un premier temps, ses projets sociaux et de pacification raciale m'avaient comme la plupart enthousiasmé. Ensuite, je me suis rallié au jugement de De Gaulle, qui pensait que Kennedy voulait faire le bonheur des peuples malgré eux, quitte à employer la force, et qu'il était animé d'un anticommunisme primaire. Le grand héros de Kennedy n'était-t-il pas James Bond ?

Question : Laissons maintenant l'Amérique pour en venir à ce dont vous êtes le plus fier : votre négociation de l'UEP, à la fin des années 1940...

Triffin : Camille Gutt[42], célèbre pour la formidable réforme monétaire qu'il dirigea en Belgique aux lendemains de la Seconde Guerre mondiale, présidait alors le Fonds monétaire international. Il accepta de m'envoyer en Europe en 1947 comme premier représentant du FMI à l'étranger.

Ce n'était pas aisé, car les administrateurs du Fonds à Washington y voyaient une rivalité avec leur propre influence et autorité. Permettez-moi de citer à ce sujet deux anecdotes assez amusantes.

La première a trait au titre qui me serait conféré. Je reçus de Gutt, quelques jours après mon arrivée en Europe, celui sur lequel son Board s'était mis d'accord : « Roving technical head of the International Monetary Fund in Europe ». Je lui demandai, par retour du courrier, de me faire imprimer des enveloppes et du papier à lettre portant ce titre à gauche et, à droite sa traduction française : « Tête technique ambulante du Fonds monétaire international en Europe ». Inutile de dire que le Board modifia cet intitulé grotesque.

La seconde se réfère à la durée de mon mandat. Contrairement aux intentions – inavouées – de Gutt, le Board la souhaitait aussi brève que possible.

L'invasion de Paris par les fonctionnaires du plan Marshall y avait provoqué une hausse draconienne des loyers pour les appartements comportant une salle de bains acceptable aux Américains. Je décidai donc d'acheter une maison à Ville d'Avray, à un prix ridiculement bas en dollars, et sollicitai du Fonds le prêt qu'il accordait toujours pour l'achat d'une résidence par ses employés.

[42] Camille Gutt (1884-1971) a été ministre des Finances de 1934 à 1935 et de 1939 à 1945. Il est Managing Director du FMI de 1946 à 1951.

Je reçus mon prêt, mais fus avisé lors de mon premier voyage à Rome, pour deux ou trois semaines, qu'il m'était interdit d'y acheter une maison ; je devrais me contenter d'une chambre d'hôtel, défrayée évidemment par le Fonds !

L'UNION EUROPÉENNE DES PAIEMENTS

La reconstruction européenne à la suite de la Seconde Guerre mondiale appelait la mise en place d'un système de paiements internationaux susceptible de faciliter les échanges commerciaux.

Dans un premier temps, et dans la foulée du plan Marshall, un système de règlements bilatéraux fut mis en place. Dès 1948, ce système fut complété par des accords de crédits selon lesquels les pays en excédant accordaient des « droits de tirages » aux pays déficitaires. Ce système de crédits permettait de maintenir un certain volume d'échanges infra-européens qui, sans quoi, auraient été limités par le manque de moyens de paiements. Toutefois, le bilatéralisme de ce système restait un handicap majeur. En effet, comme ces droits de tirages n'étaient pas transférables, le commerce s'organisait non pas selon les prix relatifs et la compétition internationale, mais selon les possibilités de crédits bilatéraux. De plus, ce système de crédit était potentiellement inflationniste pour les pays créditeurs.

Pour dépasser ces obstacles, quatorze pays européens signèrent les accords sur l'Union européenne des paiements (UEP) en 1950. L'UEP, conçue par Robert Triffin, supprimait les règlements bilatéraux antérieurs des excédents et déficits de balances des paiements et y substituait pour chaque pays le règlement multilatéral de son excédent ou de son déficit net, très inférieur évidemment à ses excédents ou déficits bruts bilatéraux. Il comportait une compensation mensuelle, mais également une compensation dans le temps, puisque le déficit d'un mois pouvait être compensé par les excédents d'autres mois.

Cette compensation dans le temps était rendue possible par un mécanisme de crédit dans lequel les positions créditrices ou débitrices étaient exprimées en unités de compte. Chaque pays se voyait assigné un quota correspondant à 15 % de son commerce total dans la zone UEP, et recevait une ligne de crédit équivalent à 60 % de ce quota. Cette ligne était dégressive, passant de 100 % du déficit à 0 % à mesure que son endettement s'accroissait. Le reste devait être réglé, théoriquement, en or, mais, dans la pratique, l'était en dollars.

L'UEP fut un succès immédiat qui permit une expansion considérable des échanges en Europe et une croissance économique exceptionnelle. Elle amena un démantèlement progressif des restrictions bilatérales en matière de commerce et de paiements, et conduisit à la convertibilité généralisée des monnaies en 1958.

Question : Voilà pour la forme, à la fois très drôle et très significative... Mais venons en au Fonds et à Jean Monnet que vous avez rencontré dès ce moment-là.

Triffin : Jean Monnet, le père de l'Europe, est certainement le plus grand des hommes que j'ai connus[43]. Il n'était pas un technicien. Ce qui faisait sa grandeur et sa force était sa capacité de s'entourer de gens compétents, des meilleurs esprits, et à les écouter. Quand une question semblait trop difficile à ses collaborateurs, il leur disait : « Réfléchissez ce week-end et revenez me voir lundi. Je souhaite avoir une idée claire et pratique de ce problème ».

Ils revenaient, expliquaient, et Monnet prenait des notes. Puis il demandait à réexpliquer dans son langage à lui ce qu'il avait cru comprendre. « Arrêtez-moi si je me trompe ! », demandait-il.

On l'arrêtait bien vite car bien souvent il se trompait, mais à la fin de ces séances qui pouvaient durer des heures, il était arrivé à mettre des mots accessibles aux politiciens sur les problèmes économiques et monétaires les plus complexes.

Il allait alors exposer ses idées, en termes simples, à l'un ou l'autre ministre qui, séduit, consultait son directeur de cabinet ou son secrétaire général. Ces experts soulevaient des objections en termes que le ministre ne comprenait pas, et Monnet y répliquait dans un langage intelligible à tous. C'est ainsi qu'il emportait la décision ! Et cette capacité de bien s'entourer, d'écouter, de parler, se doublait d'une grande modestie. Il considérait que c'était non à l'inventeur, mais au responsable politique que devrait revenir le crédit d'un projet. Il était réellement enchanté, par exemple, de voir baptiser « plan Schuman » ce qui était en fait, un « plan Monnet »... Tout cela explique pourquoi, à un moment où certains le croyaient en perte de vitesse, politiquement, il conservait en réalité une influence énorme, notamment aux États-Unis. Je n'ai jamais regretté de côtoyer un tel maître, d'œuvrer, dans la mesure de mes moyens, au même idéal.

Le moment le plus fort avec lui eut lieu bien plus tard, en 1969[44]. Je garde un souvenir vivace du coup de téléphone que je reçus à Yale où j'étais alors professeur d'économie et maître de Berkeley College. Monnet me demandait d'être à Paris le lendemain. Je me récriai que c'était impossible, en raison de mes engagements à l'université. Il me

---

[43] Voir annexe 3.

[44] Sur ceci, voir surtout Bossuat, G., « Jean Monnet et l'identité monétaire européenne », in Bossuat, G., Wilkens., A. (dir.), *Jean Monnet, l'Europe et les chemins de la paix*, Paris, Publications de la Sorbonne, 1999, p. 369-398. J. Monnet évoque à deux reprises le nom de Triffin dans ses *Mémoires* (Paris, Fayard, 1976). Après avoir écrit qu'il comptait parmi « les conseillers les plus capables de leur génération » (p. 480), il se félicite qu'en 1972 l'idée d'un Fonds européen de réserve accède à la conscience des chefs d'État et de gouvernement (p. 502).

rétorqua qu'il ne pouvait me donner ses raisons par téléphone, mais que ma présence lui était aussi urgente qu'indispensable.

Je pris donc le premier avion pour Paris et joignis Monnet à son appartement de l'avenue Foch où il m'expliqua qu'il avait convaincu le chancelier Willy Brandt de présenter à la prochaine conférence européenne « au sommet » à La Haye notre proposition de créer un Fonds européen de réserve, modeste au départ (10 % des réserves monétaires internationales de chaque pays membre), mais destiné à s'accroître graduellement jusqu'à 100 % dans la Banque fédérale européenne à venir d'une Union économique et monétaire de l'Europe, inséparable évidemment de son union politique dans les États-Unis d'Europe.

Tant le ministère allemand des Finances que la Bundesbank refusaient de fournir au Chancelier la documentation économique et statistique de ce projet. Il nous incombait donc de le faire.

Nous le fîmes au cours de longues journées se prolongeant tard dans la nuit, à la maison de campagne de Monnet à Bazoches, près de Montfort-l'Amaury.

Brandt présenta son projet, mais en vain ! Ses opposants argumentèrent que cette proposition était trop modeste. Si vous me permettez une expression américaine, le Conseil européen le tua avec gentillesse, « killed it with kindness » : il fallait aller beaucoup plus loin et mettre en place d'un seul coup une union monétaire totale, mais évidemment avec des conditions préalables s'étageant sur une période transitoire d'une dizaine d'années !

Il fallut en vain attendre vingt ans, jusqu'en 1989, pour que notre projet soit remis en discussion dans le « plan Delors »...

Question : Revenons-en à vos premiers contacts avec Monnet, à la fin des années 1940...

Triffin : Ils remontent à une série de rencontres, en 1947-1949, marquées par un désaccord total quant à la tactique à suivre pour arriver à notre but commun. Je négociais alors pour le Département d'État américain le projet d'Union européenne des paiements qui fût, comme nous l'avons dit, intégralement adopté en 1950, mais que Monnet considérait comme beaucoup trop modeste.

Le Département américain de la Trésorerie, foncièrement opposé à ce projet, avait comme représentant à Paris William Tomlinson[45], lequel s'efforçait vaillamment de lever les restrictions mises par la Trésorerie à l'utilisation de la contrepartie en francs français de l'aide Marshall à la

---

[45] William M. Tomlinson était un expert financier de la Trésorerie attaché à l'ambassade des États-Unis à Paris.

France. Monnet était alors directeur du plan d'investissements français et irrité des retards que des bureaucrates américains de troisième ordre pouvaient imposer aux investissements jugés prioritaires par ses collaborateurs. Son opposition à l'UEP lui servait dès lors d'atout à cet égard.

Question : Avez-vous eu d'autres désaccords avec Monnet ?

Triffin : De plus en plus rarement, le succès spectaculaire de l'UEP ralliant évidemment l'appui enthousiaste de Jean Monnet comme de tous les partisans d'une Europe intégrée.

Le seul de ces désaccords qui mérite peut-être encore d'être mentionné a trait à l'entrée de l'Angleterre dans la Communauté européenne. Je considérais moi-même – comme de Gaulle – que l'Angleterre ne s'y était résignée que pour combattre de l'intérieur les progrès qu'elle ne parvenait pas à empêcher de l'extérieur. Je souhaitais donc que l'approfondissement de l'union économique, monétaire et politique et son parachèvement aient la priorité sur son élargissement à l'Angleterre. Je le crois encore aujourd'hui.

Question : En fait, comment s'est passée votre négociation de l'UEP ?

Triffin : Elle se déroula en deux phases. La première eut lieu sous l'égide du Fonds monétaire. Celui-ci, divisé comme je vous l'ai dit, était incapable de m'envoyer des instructions précises. J'en profitai pour développer librement mes vues au comité des paiements de l'Organisation européenne de coopération économique (OECE), bien qu'écrivant régulièrement à Gutt de me communiquer les objections que pourrait y avoir son Board, mais sur lesquelles il ne pouvait en fait rallier un accord entre Américains et Européens.

Le très influent directeur du département de recherche du Fonds, Edward M. Bernstein[46], admirable à tant d'égards, était totalement opposé à mes propres idées. Il importait pour lui au plus haut point de décourager, plutôt que de financer, le commerce mutuel des pays européens en produits de luxe, non essentiels, afin d'utiliser toutes les ressources disponibles aux investissements productifs de charbon, acier, machines, etc.

J'envisageais, au contraire, que les pénuries d'après-guerre ne seraient que momentanées et qu'il convenait d'encourager par des échanges aussi libres que possible l'utilisation des avantages comparatifs de chaque pays. Il eût été absurde de noyer les Français dans leur

[46] Edward M. Bernstein (1904-1996) occupe la fonction de directeur du département de recherche du FMI de 1946 à 1958.

vin, les Italiens dans leurs fruits, les Hollandais dans leurs œufs, les Danois dans leur beurre, etc.

L'UEP se révéla en fait le facteur le plus fructueux de la libération des échanges et cela non seulement entre pays européens, mais même avec les États-Unis. L'acceptation par la France, par exemple, de la concurrence suisse pour ses montres, belge pour son acier, allemande et italienne pour ses automobiles, etc., lui faciliterait à terme la concurrence avec les pays extérieurs à l'Europe, y compris les États-Unis. C'est ce qui se produisit en fait, contrairement aux prédictions de nombreux professeurs tels que Viner, Haberler et Kindleberger, lesquels prédisaient que les préférences discriminatoires en faveur d'importations en provenance d'Europe en ferait une zone sous-concurrentielle à coûts croissants, stimulant des déficits grandissants de balances des paiements.

Question : Mais les statuts du Fonds monétaire n'interdisaient-ils pas la discrimination ?

Triffin : Oui, en principe, mais l'article 7, jugé particulièrement essentiel pour l'approbation du Royaume-Uni, stipulait qu'en cas de rareté d'une monnaie, les pays membres pourraient imposer les limitations nécessaires à la liberté des opérations de change en cette monnaie.

J'argumentai donc que les préférences mutuelles dictées par l'UEP n'étaient que l'équivalent de la clause 7 sur les monnaies rares, mais exprimé sous une forme positive plutôt que négative, et dès lors plus aisément acceptable à l'opinion publique et au Congrès américain.

Question : Au delà de ces objections, cet accord rencontra-t-il aisément l'appui de tous les pays membres ?

Triffin : Loin de là ! Permettez-moi de mentionner les deux obstacles principaux qu'il fallut surmonter. Le premier est que tous les pays s'étaient rapidement ralliés à un règlement en dollars, comme compromis acceptable entre les pays s'attendant à être créanciers et partisans dès lors de règlements en or, et les pays s'attendant à être débiteurs et partisans d'un « règlement » dans leur propre monnaie.

Je me trouvai dans la position bizarre comme représentant des États-Unis de refuser cette solution dollar et de retarder la conclusion des débats jusqu'à l'acceptation d'une unité de compte définie comme égale à la monnaie du pays dont la monnaie resterait la plus stable au Fonds monétaire international.

Je fus appelé dans son bureau par mon chef à Paris, l'ambassadeur Katz[47], pour expliquer la raison de cette fantaisie incompréhensible au prime abord. Je lui répondis par l'argument que j'avais présenté vainement aux Européens : ne serait-il pas absurde de définir comme unité monétaire de ce que nous espérions être le prodrome d'une Union monétaire européenne et d'une Banque fédérale européenne la monnaie nationale des États-Unis, quelles que puissent être les fluctuations que lui imposeraient dans l'avenir les décisions du Congrès américain ou les avatars du marché des changes ?

L'ambassadeur Katz le comprit et l'unité de compte fut adoptée de préférence au dollar.

Le second et bien plus difficile obstacle était l'opposition de l'Angleterre et des pays – particulièrement les scandinaves – suivant son sillage dans l'OECE. Ils considéraient mon projet comme visant à terme au rétablissement de l'étalon or, auquel ils étaient opposés comme dangereusement déflationniste, particulièrement pour l'Angleterre à raison de ses déficits vis-à-vis de l'Europe, et contraire à l'idéologie de Keynes.

Je me rendis à Londres où Hugh Gaitskell avait heureusement remplacé Stafford Cripps comme chancelier de l'échiquier. Je parvins à le convaincre personnellement au cours d'une longue séance qu'il interrompit brièvement en me disant, provoquant une fureur compréhensible de ses experts, qu'il se retirait avec eux pour quelques instants afin de rédiger un texte qui me satisferait pleinement et rallierait un accord unanime de l'OECE.

Ce fut bien le cas, et l'accord UEP entérina totalement mon projet initial, avec quelques amendements proposés également par moi et qui n'en modifiaient aucunement les buts essentiels. Il anticipait de près de trente ans le SME de 1979, et quelques-uns de ses articles mériteraient d'y être incorporés.

Question : Le succès de l'UEP fut rapidement et unanimement reconnu. Comment expliquez-vous dès lors son torpillage par l'Angleterre en 1958 ?

Triffin : La principale raison est l'illusion persistante des Anglais que l'Angleterre parviendrait à rétablir la livre sterling comme monnaie

---

47 Milton Katz (1908-1995) est représentant spécial des États-Unis en Europe avec le rang d'ambassadeur extraordinaire et plénipotentiaire en 1950-1951, période durant laquelle il est également chef de la délégation américaine à la Commission économique pour l'Europe, et président du comité financier et économique de la défense de l'Atlantique Nord.

internationale. Le principal négociateur anglais, Roy Bridge, me l'expliqua comme suit.

L'Angleterre n'avait donné son accord à l'UEP que comme système transitoire devant mener à la convertibilité générale des monnaies et destiné à disparaître dès que cette convertibilité pourrait être restaurée. Et bien évidemment cette convertibilité devait être ancrée sur le sterling plutôt que sur l'unité de compte artificielle de l'UEP. Madame Thatcher est encore de cet avis aujourd'hui.

Permettez-moi de noter, en passant, une différence de vocabulaire qui est passée inaperçue. En français on parle de l'OECE, acronyme d'Organisation européenne de coopération économique. Mais l'acronyme est OEEC en anglais, c'est-à-dire Organisation of European Economic Cooperation. C'est la coopération qui est européenne, et non l'Organisation elle-même.

Question : Mais vous avez quitté vous-même l'UEP en 1951, c'est-à-dire après un an seulement, et bien avant son torpillage par l'Angleterre. Pourquoi ?

Triffin : Parce que je refusai d'accepter les instructions que je recevais des États-Unis de la nouvelle administration américaine, celle du président Eisenhower, ou plutôt de son entourage, le président Eisenhower étant évidemment lui-même totalement innocent en une matière aussi ésotérique pour lui.

Le fonctionnaire américain qui me transmettait ces instructions les considérait, comme moi, foncièrement contraires aux engagements de notre pays et désastreux pour l'UEP et pour l'Europe. Mais lorsque je l'adjurai de les faire retirer ou de démissionner, il me répondit qu'il avait fait de son mieux, mais qu'il ne pouvait démissionner, ayant une femme et des enfants à nourrir.

Je me souvins de cette remarque lorsqu'un de mes fils songea à entrer dans l'administration et lui conseillai de s'assurer d'abord une réputation académique suffisante pour pouvoir, comme moi, rentrer à l'université plutôt que de transmettre des instructions qu'il jugerait moralement inacceptables.

C'est ce que je fis en 1951. Assailli fréquemment d'offres de professorat par diverses universités, je choisis Yale sous l'influence de Lloyd Reynolds[48] et de sa femme Mary. Lloyd m'avait appelé de Londres où il passait quelques jours de vacances, mais il vint à Paris pour me convaincre, ce qui n'était guère aisé, car le département d'économie à

[48] Lloyd Reynolds (1911-2005) enseigne à Yale à partir de 1945 et devient président du département d'économie de cette université en 1951.

Yale avait décliné effroyablement à cette époque et était considéré comme l'un des plus conservateurs, et même réactionnaires, du pays.

Lloyd m'assura que cela était en train de changer, avec une série de nouvelles nominations (dont Henry Wallich, par exemple, et bientôt William Fellner). Et il se faisait fort d'obtenir de Yale le financement du projet que je lui exposai : la création d'un centre d'études internationales pour le recyclage d'économistes faisant une carrière dans l'administration de leur pays, et particulièrement dans les banques centrales. Beaucoup d'entre eux occupent aujourd'hui des postes de dirigeants dans celles-ci.

Je donnai mon accord à Lloyd et Mary dans l'un des meilleurs restaurants de Paris, en dégustant un Nuit-Saint-Georges 1937, qu'à ma totale surprise Mary identifia, après une légère hésitation seulement, ce que je n'aurais pu faire moi-même. Ils sont restés tous deux parmi nos amis les plus chers, de Yale d'abord.

Question : Parlez-nous de Yale...

Triffin : Ma carrière y fut excellente et partagée constamment avec la poursuite de mes objectifs de réforme monétaire mondiale (le « plan Triffin ») et régionale (en Amérique latine, en Asie et en Afrique, mais surtout en Europe). Je passais, tous les sept ans, mon année de congé sabbatique à l'étranger et intercalais une autre année de congé non rémunérée par l'université, mais financée par les institutions où je travaillais : les Nations unies, l'OECE, la Communauté européenne, diverses banques centrales, etc.

Le plus étonnant pour tous les non-américains est certes le financement par les États-Unis de nombreuses missions sollicitées par divers pays et où je défendais des politiques exactement opposées à celles de l'administration américaine en place. Dans quel autre pays se permettrait-on une telle « aberration » ?

Mais laissant de côté mon enseignement économique, surabondamment publié dans mes divers écrits, je souhaiterais dire un mot de ma carrière administrative à Yale, particulièrement lors de la révolution estudiantine de 1968.

Mon enseignement à Yale était confiné totalement à la « Graduate School » et je n'avais guère de contacts avec les « undergraduates » des collèges. Le président de l'université, Kingman Brewster[49], fut dès lors très étonné de recevoir de l'un de ceux-ci, après une des rares conférences que j'y avais faite, une demande de me nommer « Maître » de Berkeley College.

---

49 Kingman Brewster (1919-1988) est président de Yale de 1963 à 1977.

Le thème développé dans ma conférence avait été un article que je venais d'écrire pour *Le Monde*[50], après avoir vu une manifestation de milliers d'étudiants et ouvriers refuser l'entrée dans le cortège à François Mitterrand, Pierre Uri, Robert Buron et moi-même au nom de notre appartenance à l'« establishement »[51]. J'y expliquais l'éclosion de ces vastes manifestations de rue – en France comme aux États-Unis où elles avaient débuté à l'Université Berkeley – par le refus des minoritaires d'accepter :

1. soit leur exclusion totale du Parlement, en régime d'élections à la majorité, ou même (comme en Angleterre) simple pluralité ;

2. soit, en régime alternatif de représentation proportionnelle, d'accepter que le choix et l'ordre des candidats soient déterminés par la machine des partis (les fameuses « smoke filled rooms » des États-Unis).

Je proposais une représentation proportionnelle à plusieurs tours, où tous les électeurs seraient libres de s'unir au premier tour autour des candidats avec lesquels ils se sentiraient le plus d'affinités sur les problèmes qu'ils considéraient comme les plus cruciaux : désarmement ou réarmement, par exemple, augmentation ou diminution de telles ou telles dépenses, ou de tels ou tels impôts, interdiction ou non de l'avortement, etc. etc. Les élus d'un premier tour ainsi conçu devant certainement être beaucoup plus nombreux que les sièges à pourvoir au Parlement, ceux-ci seraient assignés, par et parmi les élus du premier tour, à ceux qui obtiendraient à un deuxième, troisième, ou ènième tour, la quotité de voix nécessaire.

Il ne fait guère de doute qu'un tel système assurerait une représentation réellement proportionnelle des défenseurs déterminés des options politiques jugées les plus cruciales par l'électorat. Mais il n'a guère de chance d'obtenir l'appui des professionnels politiques en place.

Il fut accepté unanimement et avec réel enthousiasme par mes étudiants de Berkeley College : le conseil des étudiants se composerait de tous ceux qui auraient recueilli – n'importe quand ! – et conservé un nombre déterminé d'adhésions, notifiées à ma secrétaire, conservées dans son fichier, et modifiables par leurs signataires, si leur candidat perdait leur confiance.

---

50 *Le Monde*, 9 juillet 1968. Reproduit dans le *Yale Daily News*, 91e année, n° 18, 7 octobre 1969.

51 Triffin était à Paris en mai 1968. Il y participa à une réunion du groupe « Objectif 72 » fondé par Robert Buron en 1966 en vue des élections de 1972. C'est à la suite de cette réunion qu'il se vit refuser, avec ses compagnons, l'accès au cortège étudiant défilant de la Bastille à Denfert-Rochereau. Il conte cet épisode dans le *Yale Daily News*, 91e année, n° 18, 7 octobre 1969.

Ce système fonctionna admirablement et fut imité par de nombreux autres collèges, à Yale et ailleurs, et par divers synodes de pasteurs protestants. Souhaitons que certains de nos lecteurs se laissent tenter d'en faire l'expérience dans les assemblées auxquelles ils s'intéressent !

Question : Ce système vous aida-t-il effectivement à apaiser la révolte estudiantine ?

Triffin : Je le crois. Le danger était plus grave à Yale que dans n'importe quelle autre université, car c'est à New Haven que devaient être jugées les « panthères noires ».

Une manifestation grandiose y avait été convoquée, et ses promoteurs avaient annoncé qu'il ne resterait pas pierre sur pierre de l'université. En fait, les manifestants furent bien moins nombreux qu'on ne s'y attendait. Mais surtout, le président de l'université, Kingman Brewster, appuya totalement l'initiative de Berkeley College de ne pas ériger une « forteresse Yale » stimulant la violence, mais au contraire d'ouvrir les portes, d'inviter nos visiteurs à prendre un ou deux repas dans les collèges, et surtout de s'y héberger. Comme il n'y aurait pas place pour tous, ce serait à leurs organisateurs de faire un choix et de leur distribuer des cartes d'entrée portant le numéro de la chambre où chacun serait assigné et qu'il partagerait avec leurs occupants habituels.

C'est ainsi que nous nous assurâmes un contrôle continu décourageant toute violence, et pûmes tout naturellement mêler aux manifestants nos propres étudiants adéquatement dépenaillés comme eux et prêts à calmer les excités.

Le Système monétaire européen[52]

Après l'effondrement du système de Bretton-Woods et des changes fixes (1971-1973), les pays européens fortement inter-dépendants sur le plan commercial ont immédiatement essayé de créer une zone de changes stables entre eux. La première tentative, le serpent, fut un échec (sauf la stabilité relative du florin néerlandais et du franc belge vis-à-vis du deutsche mark) principalement parce que les politiques économiques et les performances des pays européens, en matière d'inflation notamment, au lendemain du premier choc pétrolier, étaient trop différentes.

En 1979, au moment où se profile le second choc pétrolier, le consensus pour combattre l'inflation est beaucoup plus fort et les effets pervers des changes flottants commencent à être nettement perceptibles. Au sommet européen du 13 mars 1979, l'accord pour la création du Système monétaire européen est conclu.

Objectifs du SME

L'objectif est triple : le SME vise à stabiliser les changes à court terme, à favoriser la convergence des politiques et des performances économiques des pays membres, et enfin, il doit constituer la base d'une future unification européenne.

[52] Ce texte, datant de 1990, a été maintenu tel qu'il a été rédigé en son temps.

Seul le premier objectif a fait l'objet de l'organisation effective du Système, le second devant résulter naturellement des contraintes posées par le premier. Quant au troisième, il est resté longtemps au stade de vœu pieux, le débat sur l'instauration d'une banque centrale européenne et d'une monnaie unique n'étant revenu à l'ordre du jour que suite au projet d'achèvement du marché intérieur à l'horizon de 1992.

L'ECU

Une des originalités du SME est d'avoir instauré une monnaie de réserve admise comme moyen de règlement et de crédit entre les banques centrales des pays membres. Mais qu'est-ce que l'ECU ? L'ECU, qui signifie European Currency Unit (Unité monétaire européenne), est une monnaie panier dont la valeur est la somme pondérée des monnaies des pays membres de la Communauté européenne. Les pondérations de chacune des monnaies dans l'ECU résultent de la multiplication de paquets de monnaie (nombre de FRF, nombre de DEM, etc.) et de la valeur de cette monnaie à son cours pivot. Les paquets de monnaie sont calculés de manière à ce que la pondération corresponde au poids relatif de chaque pays dans l'économie et le commerce de la CEE. Ces paquets sont revus tous les cinq ans dans deux circonstances :

– premièrement, si les pondérations se sont modifiées suite à des réajustements de cours pivots, de plus de 25 % ;

– deuxièmement, en cas d'introduction de nouvelles monnaies.

Fonctionnement du SME

Le SME n'a pas introduit des taux de change irrémédiablement fixes. Il a prévu, d'une part, la limitation des fluctuations de change autour de parités négociées, ce qu'on a appelé les cours pivots, et, d'autre part, la possibilité de revoir, toujours de manière concertée, ces cours pivots lorsque les divergences de performance économique (inflation, compétitivité, solde extérieur) l'exigeaient. Ce sont les réajustements ou réalignements du SME.

Les limites des fluctuations ont été fixées par rapport à un double critère :

– Limite de divergence bilatérale : le taux de change entre deux monnaies ne peut pas s'écarter de plus de 2,25 % de leur cours pivot bilatéraux [a]. Par exemple, si le cours pivot bilatéral FRF/DEM exprimé en FRF est de 3,35386 FRF, le seuil de divergence maximum est à 3,4305 FRF et le seuil minimum est à 3,2792 FRF. La même contrainte exprimée en DEM pour 100 FRF est de maximum 30,4950 DEM et minimum 29,15 DEM pour un cours pivot de 29,8164 DEM.

– La deuxième contrainte est la limite de divergence par rapport au cours pivot de chaque monnaie défini en ECU. Un indicateur de divergence exprimé en % de la divergence maximale autorisée (2,25 %, sauf, pour la livre et la peseta, 6 %) a été élaboré. Lorsque celui-ci dépasse 75 %, la banque centrale concernée est « présumée » prendre des mesures correctrices.

Interventions et rôle du FECOM

Depuis la création du SME, les banques centrales échangent 20 % de leurs réserves de changes en or et en USD contre des ECU auprès du Fonds européen de coopération monétaire (FECOM) [b].

Quand deux monnaies atteignent leur seuil d'intervention, la banque centrale du pays à monnaie forte doit acheter la devise faible, tandis que la banque centrale du pays à monnaie faible doit vendre la devise forte. Lorsque cette dernière est dépourvue de devises fortes en question, la première banque centrale est tenue de lui en prêter. Ces prêts se font via l'intermédiaire du FECOM. Les intérêts crédités et les règlements peuvent se faire en ECU. L'ECU officiel est donc plus qu'une simple unité de compte, mais un véritable instrument de réserve et de règlement entre banques centrales [c].

SME aujourd'hui et demain

Le SME a certainement rempli son rôle puisqu'il a permis de limiter des fluctuations entre monnaies européennes et qu'il a conduit à une plus grande convergence des politiques et des performances économiques des pays membres.

Le projet du grand marché européen de 1992 et le démantèlement des entraves aux mouvements de capitaux appellent toutefois une nouvelle dynamique de l'unification monétaire européenne. Cette nouvelle dynamique s'est caractérisée dans le projet d'union économique et monétaire présenté par le « comité Delors » et qui comporte trois phases. Si la troisième phase implique une fixité irréversible des taux de change conduisant à une monnaie unique, la première, qui est entrée en vigueur le 1er juillet 1990, consiste en un renforcement du SME, incluant notamment la participation de toutes les monnaies membres au mécanisme de taux de change. L'objectif ultime du SME est donc bien en vue.

Notes

[a] Pour la lire italienne, cette limite resta élargie à 6 % jusqu'en janvier 1990.

[b] Ces échanges se font sous la forme de swaps à 3 mois, la gestion et la rémunération des actifs en USD restant acquis aux banques centrales, raison pour laquelle les ECU crédits en contrepartie ne sont pas rémunérés.

[c] Les modifications récentes apportées au fonctionnement du SME (1985 et 1987) ont amélioré le statut de l'ECU à cet égard : premièrement, le recours à ce mécanisme de crédit a été élargi aux interventions infra-marginales alors qu'il était réservé jusque là aux interventions obligatoires ; deuxièmement, les règlements en ECU ont été autorisés pour la totalité des engagements générés par ce mécanisme contre un maximum de 50 % précédemment ; troisièmement, la rémunération des ECU cédés en conséquence de ces règlements a été rehaussée au niveau moyen pondéré des taux du marché monétaire au lieu des taux d'escompte.

Question : Quand et pourquoi, dès lors, avez-vous quitté Yale pour revenir en Europe ?

Triffin : En 1977, à l'invitation de l'Université de Louvain dont l'IRES – Institut de recherches économiques – venait de s'installer à Louvain-la-Neuve.

J'acceptai d'autant plus aisément cette invitation que je devais abandonner la maîtrise de Berkeley, ayant atteint la limite d'âge (soixante-cinq ans) pour tout poste administratif – mais non pour le professorat – à Yale.

Question : Le professorat à Louvain-la-Neuve ne semble cependant pas avoir monopolisé votre carrière, pas plus que votre professorat à Yale. Dites-nous un mot de votre rôle dans la création et le développement du SME (Système monétaire européen) et de l'ECU.

Triffin : Robert Marjolin m'avait nommé conseiller à temps partiel de la Communauté européenne, dès sa création en 1958[53]. En 1977, mon supérieur hiérarchique y était Raymond Barre, mais nous n'entretenions guère que des rapports de courtoisie – très agréables d'ailleurs – Barre ne s'étant jamais intéressé à mes projets de création d'un Fonds européen de réserves.

Le conseiller principal de Roy Jenkins, président de la Commission des Communautés, était alors Michael Emerson[54] avec lequel j'étais très lié et qui me mit immédiatement en rapport avec son chef. Ma seule contribution à son projet du SME fut de l'aider à résoudre un dilemme entre lui et la plupart de ses collaborateurs[55]. Il soulignait, à juste titre, qu'un saut qualitatif fondamental était indispensable pour permettre de réels progrès vers l'union monétaire éventuelle, mais le Conseil européen des ministres n'acceptait encore qu'une évolution graduelle, à petits pas seulement. Je proposai de mettre tout le monde d'accord en ne prenant au départ qu'un petit pas, mais « séminal » ou « germinal » : la création d'une chambre de compensations (« clearing » en anglais) auprès de laquelle les banques centrales détiendraient un pourcentage agréé de leurs réserves monétaires internationales : 10 % seulement au départ, mais pouvant croître graduellement jusqu'à 100 % lors du parachèvement de l'Union. Le rôle de chambre de compensation n'est certes que l'un des multiples rôles d'une banque centrale et prêtant le moins à controverses. Mais l'histoire montre qu'il fut en fait à l'origine de tous les autres dans le développement naturel des banques centrales dont la constitution ne fut pas importée toute faite de modèles étrangers.

Question : Mais quid de vos activités dans le secteur privé ? N'avez-vous pas accepté d'utiliser vos contacts officiels auprès de la Communauté et des banques centrales pour y défendre le rôle grandissant des banques commerciales, telles la Kredietbank luxembourgeoise, notamment, sur le marché privé de l'ECU ?

Triffin : Certes, mais l'inverse fut infiniment plus important. J'aidai Fernand Collin[56] et ses collaborateurs (Jean Blondeel, Constant Franssen,

---

53 Il vaut la peine de souligner que Robert Marjolin, *Le travail d'une vie, Mémoires, 1911-1986*, Paris, Laffont, 1986, ne souffle mot de cette collaboration de Robert Triffin. On retrouvera en annexe (n° 4 à 8) quelques textes significatifs des années 1957 à 1960.

54 Michael Emerson (1940) entre en 1973 à la direction générale « Affaires économiques et financières » de la Commission des Communautés européennes. Il devient conseiller économique du président Jenkins en 1977.

55 Voir annexes 9 à 11.

56 Fernand Collin (1897-1990) avait été nommé administrateur de la Kredietbank lors de sa constitution en 1935. Il en devient le président en 1938, fonction qu'il occupe jusque 1973. Les liens amicaux unissant Collin et Triffin sont illustrés par la contri-

etc.) à définir une unité de compte – initialement identique à celle de l'UEP, mais susceptible de lui survivre au cas où elle viendrait à disparaître – pour le lancement d'obligations sur le marché international des capitaux[57]. Cette définition dut être modifiée à diverses reprises en raison des avatars de l'unité de compte du FMI, et est aujourd'hui identique à l'ECU. Je viens d'être désigné, à l'initiative de l'Istituto Bancario San Paolo de Turin, comme administrateur de la San Paolo Lariano Bank de Luxembourg, pour développer davantage encore dans toutes les activités bancaires une utilisation grandissante de l'ECU.

Ce n'est que tardivement que les fonctionnaires de la Communauté acceptèrent cette initiative, qu'ils tentèrent vainement de me faire abandonner à ses débuts.

Question : Ce que l'on connaît comme le « plan Triffin » consiste essentiellement à répudier tant les monnaies nationales – le sterling autrefois, principalement le dollar aujourd'hui, mais de plus en plus concurrencé par le mark et le yen – que l'or comme réserves internationales et à leur substituer des dépôts de réserve auprès d'une banque centrale mondiale. C'est bien cela ?

Triffin : Pas du tout, comme je l'ai vainement souligné dès octobre 1959, lorsque le sénateur Douglas, président du « Joint Economic Committee » du Congrès américain, fit exactement le même commentaire que vous sur la déposition que m'avait demandé son comité[58].

Une banque centrale nationale garantit l'équivalence de tous les morceaux de papier ou dépôts bancaires acceptés comme monnaie nationale. Aucune banque centrale mondiale ne pourrait garantir l'équivalence des multiples monnaies nationales en circulation (dollars, yens, marks, pesos, cruzeiros, bolivianos, etc.) sans, ou bien ouvrir la porte à une inflation mondiale plus effroyable encore que celle que nous connaissons depuis vingt ans, ou bien pouvoir contrôler efficacement l'émission monétaire de chacun des pays membres.

Je ne crois pas à la possibilité d'établir une banque centrale mondiale dans un avenir prévisible. Une banque centrale régionale est, d'autre

---

bution de ce dernier au livre d'hommages qui est offert au premier nommé : Triffin, R., « The "Smithsonian Standard" and its aftermath », in *Liber Amicorum Fernand Collin offert à l'occasion de son 75e anniversaire le 18 décembre 1972*, Bruxelles, Kredietbank S.A., 1972, p. 209-219.

57 Voir à ce sujet Wilson, J., « Origines et développements du marché des emprunts en unités de compte », in Dumoulin, M. (dir.), *Italie et Belgique en Europe depuis 1918*, Bruxelles-Rome, Institut historique belge de Rome, 2008, p. 413-432.

58 Voir *Statement to the Joint Economic Committee of the 87th Congress, Washington, October 28, 1959*, reproduit dans Triffin, R., *Gold and the Dollar Crisis. The Future of Convertibility*, n^lle^ éd., New Haven, Yale University Press, 1961, p. 3-14.

part, devenue aujourd'hui possible et urgente pour la Communauté européenne. Mais même en ce qui concerne la Communauté, il a fallu commencer plus lentement, en tenant compte des « matériaux » en place et de leur rôle dans la construction de l'édifice final : notamment les banques centrales nationales, leurs dirigeants, et leurs experts, peu enclins évidemment à partager leurs pouvoirs avec des institutions et individus étrangers.

C'est pourquoi je plaidai, au début des années 1950, contre l'idée d'assigner une partie des fonds du plan Marshall (600 millions de dollars) à la création d'une banque centrale européenne, afin d'inciter les Européens à l'accepter. Je prédis qu'ils le feraient évidemment pour s'assurer les fonds promis, mais se contenteraient lors de leurs réunions mensuelles à la BRI, à Bâle, de tenir une réunion du Conseil de la banque centrale européenne et de se taper mutuellement sur le dos pour se féliciter des politiques suivies par chacun d'eux. Ce serait de la frime.

Question : Que proposiez-vous alors ?

Triffin : D'utiliser l'UEP, où les représentants nationaux se rencontraient mensuellement pour résoudre des problèmes très concrets qu'ils ne pouvaient éluder. Entre les diverses solutions alternatives de ces problèmes, appuyons, disais-je, celle qui apporte une pierre à l'édifice que nous souhaitons. C'est la meilleure façon de surmonter l'opposition ouverte ou larvée des gens en place : ils feront la banque centrale européenne graduellement, comme Monsieur Jourdain faisait de la prose, sans le savoir.

En outre, l'UEP jouait alors pleinement le rôle de « chambre de compensations » qui fut historiquement au départ de la création de toutes les banques centrales non importées de l'étranger.

Mais en ce qui concerne les autres régions du monde, et surtout le monde dans son ensemble, ce que je prône est simplement une « chambre de compensation » auprès de laquelle la banque nationale de chaque pays membre maintiendrait l'entièreté de ses réserves internationales, mais ne pourrait évidemment tirer que sur ses réserves propres, et non sur celles des autres.

Question : Ces idées sont-elles nouvelles ?

Triffin : Pas le moins du monde : la dénonciation de l'étalon de change et les propositions de le remplacer par une chambre de compensations ont été détaillées au lendemain de la Première Guerre mondiale par un homme d'État belge que je considère comme de loin le plus grand qu'ait connu notre pays, mais dont bizarrement bien peu de personnes connaissent même le nom : Eugène Delacroix[59].

Ce fut l'homme désigné comme Premier ministre par le roi Albert à Lophem, et qui parvint à faire voter massivement – ou même parfois à l'unanimité – par le Parlement une série d'innovations controversées entre partis politiques, dont par exemple l'impôt sur le revenu. Quelle belle thèse de doctorat pour un économiste ou, de préférence, un historien.

Question : Vous avez fréquemment été appelé comme expert et conseiller économique de diverses organisations – les Nations unies, l'OECE, la Communauté européenne, le Conseil économique de divers présidents américains, le Département d'État, etc. – et avez eu de nombreux contacts, formels ou informels, avec plusieurs hommes d'État désireux de connaître et discuter vos opinions sur le problème monétaire international, particulièrement Lyndon Johnson, avant qu'il ne devienne président des États-Unis, le premier président italien Luigi Einaudi, le président de Gaulle, Michel Debré[60], Giscard d'Estaing, Pierre Mendès-France, Edgar Faure, Raymond Barre, Michel Rocard, les chanceliers allemands Willy Brandt et Helmut Schmidt, en Belgique Spaak et Tindemans surtout, en Asie le président Mossadegh et la plupart des dirigeants en charge lors de votre mission pour l'ECAFE (Economic Commission for Asia and the Far East) en 1967[61], etc. Qu'en concluez-vous quant aux rapports entre économistes et hommes politiques ? Ces derniers ne cherchent-ils pas surtout à renforcer leur image en obtenant un satisfecit prétendument scientifique pour les mesures politiques que leur suggèrent leurs propres opinions et intérêts ?

Triffin : C'est trop souvent le cas, évidemment, et il faut être prêt à ne pas tomber dans le piège. Avant de répondre moi-même à cette question je souhaiterais mentionner une excellente étude sur ce sujet, trop peu connue en Belgique et même à l'étranger : le livre de John S. Odell intitulé *US International Monetary Polic : Markets, Power and Ideas as Sources of Change*[62]. Il discute abondamment et avec des

---

59 Il s'agit de Léon – et non d'Eugène – Delacroix (1867-1929), Premier ministre et ministre des Finances de 1918 à 1920.

60 Debré, M., *Trois Républiques pour une France. Mémoires*, t. IV : *Gouverner autrement, 1962-1970*, Paris, Albin Michel, 1993, p. 163.

61 Cette mission est confiée à Pierre Uri et Robert Triffin qui produisent à l'intention de l'ECAFE, en septembre 1970, un rapport intitulé *Propositions pour une coopération régionale, commerciale et monétaire*. Voir Archives historiques de l'Union européenne, Florence, papiers Pierre Uri, dossier PU-65. Uri, P., *Penser pour l'action. Un fondateur de l'Europe*, Paris, Odile Jacob, 1991, p. 208-217 évoque longuement cette mission.

62 Princeton University Press, 1982.

exemples concrets, non seulement l'influence des économistes sur les hommes politiques, mais aussi celle de ces derniers – bénéfique, insignifiante ou désastreuse – sur l'évolution du système monétaire international. Quant à moi, je n'ai jamais oublié mon expérience au FMI à cet égard. Le département des recherches concoctait fréquemment des études prétendant justifier techniquement les décisions nationales communiquées au Fonds et que les administrateurs de celui-ci ne pouvaient en pratique qu'entériner, telles par exemple le taux exact de dévaluation de la livre sterling en septembre 1949 (30,5 %) « indispensable pour corriger un déséquilibre fondamental ».

L'un des administrateurs s'étonna de cette conclusion technique de la part d'experts qui, quelques jours plus tôt, avaient démontré la validité de la thèse inverse soutenue encore par l'Angleterre, qu'aucune dévaluation n'était nécessaire, ni même souhaitable. L'administrateur canadien Louis Rasminsky[63] vint au secours du département des recherches en faisant remarquer qu'un déséquilibre fondamental pouvait surgir en très peu de temps. « Lorsque j'ai pris le tram ce matin, expliquait-il, je fus amené à céder ma place à une jeune femme réclamant un siège parce qu'elle était enceinte. Je me permis cependant de lui demander – car elle était encore très svelte – depuis combien de temps elle était enceinte. Elle consulta sa montre et répondit : une demi-heure exactement, et suis-je fatiguée ! » La dévaluation de la livre fut votée immédiatement, à l'unanimité.

Question : Aviez-vous une alternative à suggérer ?

Triffin : Celle que je suggérai alors à mon chef, E.M. Bernstein. Le département des recherches aurait dû préparer une étude aussi objective que possible, dont les conclusions seraient certes plus modestes, et probablement très différentes de celles souhaitées par l'Angleterre et les administrateurs. Une note d'introduction soulignerait qu'une décision politique différente pourrait cependant être justifiée du fait que le gouvernement anglais disposait d'informations plus récentes et plus complètes que celles accessibles au département des recherches du Fonds.

Question : Votre suggestion est intéressante, mais ne couvre pas le problème du rôle d'un expert vis-à-vis de son propre gouvernement. N'est-il pas trop souvent enclin, pour conserver son poste et améliorer ses chances d'avancement, à donner des avis justifiant (a) la politique courante du ministre qui le « consulte » et (b) la politique future que celui-ci aura le plus de chances d'accepter ?

---

[63] Louis Rasminsky (1908-1998) entre à la Banque du Canada en 1940. Il est administrateur du FMI de 1946 à 1962.

Triffin : Sans aucun doute ! J'ai moi-même été capable de résister à cette tentation plus facilement que la plupart de mes collègues du fait que j'avais toujours l'alternative de reprendre ma carrière à l'université, ou bien de n'accepter d'être conseiller gouvernemental qu'à temps partiel, comme je fis depuis ma nomination à Yale en 1951.

Une réponse complémentaire au même problème est de tenir compte, à l'avance, de l'impossibilité politique, ou de l'échec possible, de la solution jugée la meilleure du point de vue purement économique, et de suggérer dès lors une « défense en profondeur » plutôt qu'une seule « ligne Maginot ».

Telle fut, par exemple, ma réponse à Arthur Burns[64], conseiller du président Eisenhower, lorsqu'il me demanda – vers 1954, si je ne me trompe – quelle serait la conséquence d'une crise économique aux États-Unis sur la balance des paiements du reste du monde, et notamment de l'Europe. Avant de répondre à la question, telle qu'il me la posait, que le temps de la pénurie était révolu et qu'un rhume des États-Unis ne provoquerait plus une pneumonie en Europe, je lui fis remarquer que la politique idéale serait d'éviter une crise aux États-Unis, et que sa question démontrait la nécessité pour tout conseiller économique d'envisager une variété de solutions, plutôt qu'une solution unique, à l'évolution toujours incertaine de la situation économique à venir[65].

Question : Les conseillers économiques n'ont-ils pas, en outre, le défaut de trop chercher à prévoir plutôt qu'à conseiller ?

Triffin : C'est exactement ce que je me préparais à ajouter, et à illustrer par une anecdote. Ma première participation à un débat international prit place au Congrès des économistes de langue française, à Genève, en 1949. La présentation de mon projet d'une Union européenne des paiements ayant été vivement applaudie par les auditeurs, le vieux président Rappart[66] caressa sa barbiche blanche et prédit qu'un projet aussi ambitieux n'avait aucune chance d'être accepté par les gouvernements. Je lui rétorquai qu'il avait peut être raison, que je préférais quant à moi avoir tort dans mes prédictions neuf fois sur dix, aussi longtemps que ceci me permettrait une fois sur dix de faire adopter les politiques nécessaires pour éviter le pire et progresser vers un avenir meilleur.

---

64 Arthur Frank Burns (1904-1987) est président du conseil des conseillers économiques d'Eisenhower de 1953 à 1956.

65 Sur les questions soulevées par Triffin, voir Engelbourg, S., « The Council of Economic Advisers and the Recession of 1953–1954 », in *Business History Review*, 1980, vol. 54, n° 2, p. 192-214.

66 William Rappart (1883-1958), fondateur de l'Institut des hautes études internationales de l'Université de Genève en 1928.

Mes multiples critiques des politiques suivies couramment par les autorités ont toujours été suivies de suggestions concrètes et positives quant aux moyens de les corriger. Je continue à regretter que mon meilleur livre, rempli de telles suggestions, *Europe and the Money Muddle*[67], n'ait jamais été traduit en français.

Question : Certains de vos critiques reprochent à vos projets de réforme d'être trop souvent de simples « gadgets », un mot qui n'est traduisible qu'approximativement en français par « trucs ».

Triffin : Je répondrais que le terme « gadgets » n'est que l'équivalent péjoratif de « dispositifs institutionnels », qui me semble cependant plus approprié pour qualifier mes projets fondamentaux de réformes monétaires mondiales et régionales. Mais je suis loin d'être opposé aux « gadgets » s'ils peuvent être utiles. Permettez-moi un exemple concret.

Lorsque le président iranien Mossadegh déplora dans nos discussions l'insuffisance des impôts payés par les grands propriétaires sur des terres évaluées très en dessous de leur valeur réelle par des fonctionnaires soudoyés, je suggérai à Mossadegh de décréter que l'administration accepterait à l'avenir l'évaluation des terres telle qu'elle serait faite par leurs propriétaires eux-mêmes, étant entendu qu'elles pourraient être rachetées à un prix supérieur de 20 %, ou même 50 %, par l'État ou n'importe quel particulier.

Question : Voilà certes une idée ingénieuse, dont certaines administrations pourraient encore s'inspirer aujourd'hui. Mais ne peut-on pas vous faire un autre reproche : de ne pas chercher à établir des contacts plus fréquents avec les dirigeants monétaires et politiques en place afin de leur faire accepter vos politiques « dissidentes » de celles de l'« establishement ».

Triffin : C'est une critique que je dois accepter dans une large mesure : je prends un énorme plaisir à découvrir de nouvelles idées et à les documenter statistiquement, mais une certaine paresse s'empare de moi lorsqu'il s'agit d'écrire, de prendre des rendez-vous, etc.

Je suis aussi découragé par la situation la plus paradoxale que l'on puisse concevoir à propos de l'action gouvernementale actuelle quant à la politique monétaire internationale. Jamais dans l'histoire du monde, les gouvernements n'ont recruté à leur service autant d'économistes aussi qualifiés ; jamais n'ont-ils tenu, avec de tels économistes à leur côté, autant de réunions internationales visant à harmoniser leurs politiques ; et jamais n'ont-ils contenu des échecs aussi cuisants qu'au

---

[67] Triffin, R., *Europe and the Money Muddle : From Bilateralism to Near convertibility, 1947-1956*, New Haven, Yale University Press, 1957.

cours des vingt dernières années. Pourquoi ? C'est ce dont nous avons débattu plus que suffisamment déjà, je pense.

Question : L'un des principaux obstacles aux réformes monétaires internationales que vous proposez n'a-t-il pas été l'insistance de de Gaulle sur un retour à l'« étalon or » ?

Triffin : Pas du tout ! J'ai essayé de démystifier l'opinion publique à cet égard dans un récent article sur le président de Gaulle[68]. Mes rares contacts avec le président de Gaulle débutèrent par une lettre du 22 février 1965 dont j'avais mûrement posé non seulement le contenu, mais aussi le style auquel je savais de Gaulle extrêmement sensible[69]. Il y réagit, de fait, par une lettre de remerciements disant notamment que :

> La position que vous défendez et les suggestions que vous formulez m'ont paru fort intéressantes. Elles sont, en outre, présentées d'une façon claire et brillante. Je puis vous assurer que je ne manquerai pas d'en tenir le plus grand compte[70].

En bref, ma lettre suggérait au Président de clarifier son discours magistral et constructif du 4 février 1965 sur la réforme du système monétaire international[71]. Ce discours visait en effet à éviter l'effondrement prévisible du dollar international – comme de la livre en 1931 – si l'on ne portait pas rapidement remède à l'endettement croissant des États-Unis dû à l'étalon dit de « change-or ».

Mais il reste encore totalement incompris aujourd'hui, comme il le fut alors par le président Johnson. Quelques heures plus tard, en effet, celui-ci se précipitait au microphone pour dénoncer cette attaque contre le dollar et cette tentative de ressusciter l'étalon or qui avait fait faillite en 1931 !

Question : Mais comment peut-on expliquer un tel détournement d'idée ?

Triffin : L'explication m'en fut donnée par le sous-secrétaire américain du Trésor pour les affaires monétaires, Fred Deming. N'ayant pris son poste au Trésor que trois jours plus tôt (le 1er février), il chercha vainement à consulter le secrétaire démissionnaire, Douglas Dillon, pour l'aider à rédiger les commentaires que lui réclamait de toute urgence le

---

[68] Triffin, R., « De Gaulle et le dollar : Controverses d'hier et d'aujourd'hui », in *De Pecunia*, vol. I, n° 2, octobre 1989, p. 231-244.

[69] Voir annexe 12.

[70] Voir annexe 13.

[71] Il ne s'agit pas à proprement parler d'un discours mais bien de la réponse faite par le président français à la question que lui adresse un journaliste lors d'une conférence de presse au palais de l'Élysée le 4 février 1965. Voir de Gaulle, Ch., *Discours et messages. Pour l'effort, 1962-1965*, Paris, Plon, 1970, p. 343-347.

président Johnson. Incapable de l'atteindre et menacé, en termes orduriers, de renvoi immédiat si ses commentaires n'arrivaient pas dans l'heure à la Maison Blanche, il ne pût que s'inspirer de la dernière note reçue de l'ambassade américaine à Paris, une quinzaine de jours plus tôt, et commentant ce que l'on prévoyait que dirait de Gaulle, c'est-à-dire uniquement son apologie de l'or et sa critique du « privilège exorbitant » du dollar. C'est ainsi que se perdit une rare occasion de rapprochement entre les États-Unis et la France, et que se durcit la position du Général vis-à-vis des États-Unis et du dollar.

Permettez-moi de mentionner une autre erreur – mais de traduction, cette fois – qui détériora davantage encore les relations entre les deux pays. Dans un autre discours retentissant, à Pnom-Penh[72], de Gaulle avait déploré que les États-Unis se trouvent coincés au Vietnam dans une « sale affaire », c'est-à-dire une affaire dont il est difficile de se dépêtrer. Le Secrétaire d'État Dean Rusk se précipita immédiatement au microphone pour dénoncer l'accusation de « dirty business » lancée par de Gaulle contre les États-Unis.

Question : Avez-vous eu d'autres contacts avec de Gaulle ?

Triffin : Uniquement par lettres, une demi-douzaine de fois à peu près. J'avais été invité à l'Élysée pour y rencontrer le président le 20 mars 1968, mais il fut retenu par la visite inopinée de je ne sais plus quel chef d'État et se fit remplacer par son Secrétaire général, Bernard Tricot. Le président, me dit-il, souhaitait mon avis sur le prix de l'or. J'exprimai mon étonnement, la religion du président me paraissant avoir été faite à cet égard par notre ami commun Jacques Rueff. « Pas du tout, me répondit Tricot. Il arrive certes que le Premier ministre ou le ministre des Finances soulève occasionnellement la question d'une réévaluation de l'or, mais c'est pour des raisons purement politiques, afin d'embarrasser les États-Unis lorsque ceux-ci prennent des initiatives qui nous déplaisent. Mais jamais un mot n'est sorti de cette maison (l'Élysée) sur le prix de l'or ; le président n'est nullement convaincu par Monsieur Rueff et souhaite sincèrement votre opinion ».

Alain Prate, dans son excellent livre sur *Les Batailles économiques du Général de Gaulle* mentionne ma correspondance avec le Général et l'accord de celui-ci avec mes idées (page 219). « J'ai proposé l'or, m'a-t-il dit un jour, mais j'aurais pu accepter autre chose à condition d'adopter un étalon indépendant des monnaies anglo-saxonnes » (p. 213).

Question : Avez-vous tenté de convaincre d'autres hommes d'État, capables de négocier les réformes que vous souhaitiez ?

---

72 Discours du 1er septembre 1966.

Triffin : Certes. Et je crois en avoir convaincu beaucoup. En Belgique, cela va sans dire, tels Willy De Clercq, Léo Tindemans, Gaston Eyskens, etc. En Italie, Guido Carli, Paolo Baffi et Rinaldo Ossola notamment. Mais surtout aux États-Unis, le président John F. Kennedy et son secrétaire du Trésor, Henry Fowler, qui se proclame à juste titre un des pères des DTS ; et même en Angleterre : Hugh Gaitskell, Mac Millan et Maudling, mais hélas, ni Harold Wilson ni Madame Thatcher ! Sans doute n'ai-je pas fait de ce côté tout ce que j'aurais dû. Je confesse n'avoir jamais essayé d'atteindre Madame Thatcher, persuadé que cela aurait été vain !

Question : Vous pensez donc vraiment avoir convaincu de Gaulle ? L'amabilité de ses lettres n'était-elle pas une simple manifestation de politesse et une tentative de conserver votre appui ?

Triffin : J'inclinerais aussi à le croire, si elle n'avait pas été confirmée à de nombreuses reprises par son Premier ministre, Michel Debré, avec lequel le professeur Marcel Jeanneney, alors ministre du Plan m'avait mis en rapport.

Je fus invité à le voir, à chacune de mes visites à Paris, et il ne manquait jamais lui-même de me réserver une soirée lors de sa participation aux réunions annuelles du FMI et de la Banque mondiale.

Nous étions évidemment aux antipodes en ce qui concerne l'union politique de l'Europe, mais il appréciait de ma part une franchise à laquelle il n'était pas accoutumé de la part de ses fonctionnaires. Je me souviens particulièrement d'une conversation concernant un accord conclu entre la France et les autres pays de la Communauté à propos d'un renforcement de la coopération monétaire européenne sur le flottement conjugué des devises nationales de la Communauté face au dollar. Avant que cet accord ait pu être divulgué à la presse, il recevait dès l'ouverture des bureaux, le lendemain, deux communications urgentes de Berlin et de Rome, l'avisant que l'accord était annulé, à la suite de deux communications téléphoniques avec Washington.

L'adhésion finale de la France à la création des DTS a sans doute été influencée néanmoins par ma médiation privée entre Debré et Henry H. Fowler, secrétaire américain au Trésor avec lequel je collaborai étroitement à ce sujet.

Question : Vous ne semblez pas plus enthousiaste des gouvernements que des économistes ?

Triffin : Hélas, non ! De moins en moins. Il m'est même pour cela de plus en plus difficile de résister à un néo-libéralisme à la Hayek, basé sur le fait que les interventions gouvernementales sont trop souvent dictées par des intérêts personnels bien plus que par l'intérêt général de la collectivité.

Nous ne le savons que trop en ce qui concerne le tiers-monde africain (Mobutu, et la plupart de ses collègues) et latino-américain (Pinochet, Noriega, etc.) mais peut être pas assez pour l'Europe (les diamants de Giscard d'Estaing[73] et, plus proches de nous, les malversations de V.D.B.[74]) et pour les États-Unis, où les congressistes les plus influents reçoivent de firmes privées d'énormes « prêts » électoraux, « annulés » plus tard, lorsqu'ils ont fait voter les faveurs, fiscales ou autres, qu'on leur demande.

Question : Croyez-vous vraiment que c'est là la source des principales erreurs politiques dont vous accusez les gouvernements ?

Triffin : Non ! Je crois plutôt – et c'est bien plus grave – que la plupart d'entre elles sont commises avec une totale honnêteté, alliée à une totale inconscience.

Question : Un économiste a-t-il le droit de se prononcer sur des problèmes militaires, qui sortent totalement de sa compétence ?

Triffin : La plupart des économistes ne s'arrogent certes pas ce droit, car il est bien rare qu'ils mentionnent que la disproportion des dépenses militaires est de loin la principale source des déséquilibres économiques qu'ils sont unanimes à dénoncer, d'une inflation mondiale sans précédent dans l'histoire et des importations formidables de capitaux (environ 2 500 dollars, ou 100 000 francs belges, par ménage en 1988) par le pays le plus riche et le plus capitalisé du monde – sauf une poignée de pays pétroliers du Golfe persique – qui devrait bien évidemment, ainsi que le réclament périodiquement de pieuses résolutions des Nations unies, exporter des capitaux vers les pays du tiers-monde, plus pauvres et à court de capitaux pour leur développement.

Notez que ces importations nettes de capitaux des États-Unis dépassent, par personne, le revenu total par tête, sur lequel doivent survivre... ou crever de faim trois milliards et demi d'habitants du tiers-monde.

Elles financent non seulement le déficit faramineux de la balance des paiements, mais aussi un déficit budgétaire, pratiquement égal, et

73 Le 10 octobre 1979, l'hebdomadaire français *Le Canard enchaîné* porte de graves accusations contre le président de la République Valéry Giscard d'Estaing qui aurait reçu, alors qu'il était ministre des Finances, un cadeau somptuaire de Jean Bedel Bokassa, président de la République centrafricaine. L'« affaire des diamants » débutait.

74 Allusion au procès, ouvert en janvier 1986, intenté à l'ancien Premier ministre Paul Van den Boeynants pour fraude fiscale.

attribuable principalement au gonflement insensé des dépenses militaires jusqu'à près de 300 milliards par an.

Chaque économiste est aussi un citoyen, il porte sa part de responsabilité – le plus souvent par son silence – dans le gaspillage honteux et suicidaire des dépenses militaires, non seulement aux États-Unis, mais dans la plupart des autres pays, y compris les plus pauvres du tiers-monde.

Et quelle n'est pas aussi la part de responsabilité des marchands d'armes et de l'aide militaire dans les atroces carnages et dévastations matérielles des multiples guerres qui se livrent depuis des années au Moyen Orient, en Afrique, en Amérique centrale ? Elles seraient certes bien moins fréquentes et surtout moins nocives sans l'entraînement de leurs troupes et les importations d'armes sophistiquées en provenance d'une poignée de pays, dont hélas la Belgique, où la contraction des dépenses militaires offre d'autre part au monde un rare exemple d'intelligence et de courage politique.

Question : Vous semblez oublier que nos démocraties devaient être prêtes à se défendre contre les dangers d'agression ou de chantage de l'URSS. Le vieil adage « Si vis pacem, para bellum » reste aussi valide aujourd'hui que jamais.

Triffin : Non ! Il est grand temps de comprendre que le contraire est vrai aujourd'hui. L'adage que vous citez avait certes quelque validité autrefois, lorsque l'annexion territoriale pouvait apporter au pays agresseur des avantages dépassant le coût de l'opération. Mais ceci est devenu impossible aujourd'hui, aucun avantage à espérer d'une occupation militaire ne pouvant compenser la millième partie des risques de destruction atomique de la région en cause, voire de la planète Terre toute entière.

En outre, l'arsenal nucléaire de chacune des deux superpuissances lui suffirait déjà pour annihiler plus de 50 ou 100 fois toute possibilité de vie sur le territoire de l'autre. Une dissuasion nucléaire adéquate ne réclame évidemment à aucune des puissances rivales d'émuler l'autre dans une course suicidaire au surréarmement. Elle s'accommoderait parfaitement, au contraire, d'énormes réductions, même unilatérales au départ, incitant l'adversaire à participer à la course au désarmement fervemment souhaité par les véritables hommes d'État et par leur opinion publique.

C'est indubitablement ce qu'ont compris Genscher et Gorbatchev et qui devrait inspirer demain une politique plus sensée que la thèse officielle de l'OTAN, c'est-à-dire qu'il est essentiel de conserver l'arme nucléaire comme contrepartie à la supériorité de l'armement conventionnel des pays du pacte de Varsovie.

Outre les multiples raisons qu'apporte Helmut Schmidt pour mettre en doute cette supériorité et la promesse de Gorbatchev de l'éliminer, peut-on véritablement croire que la seule manière de préserver la liberté de l'Allemagne pourrait être de déclencher l'arme nucléaire sur son territoire et y annihiler toute possibilité de vie dans l'avenir prévisible ?

Question : Que suggérez-vous donc ?

Triffin : De remplacer « Si vis pacem para bellum » par le slogan de Franklin Roosevelt, résumant correctement la situation actuelle : « The only thing to fear is fear itself ! », soit en français « La seule chose à craindre, c'est la crainte elle-même ! ».

La raison majeure de la course au surréarmement a été la crainte mutuelle des deux superpuissances. Tout accroissement des armements de l'une incite un accroissement similaire de l'autre, et ne fait qu'augmenter le sentiment d'insécurité des deux et le danger d'une agression « préventive ». À l'inverse, une initiative, même unilatérale, de désarmement partiel préservant une force de dissuasion plus que suffisante – ainsi que je viens de le souligner – apaiserait la crainte de l'autre et devrait déclencher une course mutuelle au désarmement.

En bref, le meilleur moyen d'accroître la sécurité mutuelle est le désarmement mutuel plutôt que le réarmement mutuel.

Question : Ne voyez-vous pas, cependant, l'énorme différence entre la tradition dictatoriale de la Russie communiste comme de la Russie tsariste, d'une part, et d'autre part la tradition démocratique des États-Unis et de l'Europe occidentale ?

Triffin : Certes Gorbatchev n'imposera pas sans peine la *glasnost* qu'il souhaite, alors que les opinions dissidentes ont toujours trouvé la possibilité de s'exprimer dans la presse, la radio et la télévision dans nos pays.

Mais cela n'empêche pas nos gouvernements d'y déclencher aussi un bourrage de crânes intensif, non seulement en temps de guerre, mais même en temps de paix. Permettez-moi de citer à cet égard une brève conversation, il y a quelques temps, avec l'un de mes meilleurs amis et collaborateurs : Jorge Sol, ministre de l'Économie dans l'un des rares gouvernements démocratiques de son dictatorial pays, le Salvador, puis représentant de l'Amérique centrale au FMI, et enfin secrétaire général de l'Organisation des États américains. Il me demanda quelle était l'opinion en Europe concernant la politique des États-Unis en Amérique centrale, et notamment au Salvador et au Nicaragua. Je lui répondis que l'opinion éclairée et indépendante la condamnait tout aussi vigoureusement que la Cour de justice de La Haye, mais que les gouvernements et les médias mettaient cette opinion en sourdine, de crainte qu'elle ne mette en danger l'alliance atlantique et l'acceptation de lutter aux côtés des États-Unis en cas de guerre avec l'URSS. Quelles que puissent être les responsabilités respectives, l'Europe ne craignait aucunement l'agression des États-Unis, lointains et démocratiques, et avait besoin de leur appui contre une URSS proche et totalitaire.

Il me rétorqua qu'il comprenait mais que pour lui, citoyen d'Amérique centrale, c'étaient les États-Unis qui étaient proches et l'URSS lointaine ; mais surtout que ce n'était pas l'URSS, mais les États-Unis qui avaient imposé et maintenu au pouvoir par tous les moyens possibles les dictatures des Trujillo, Batista, Somoza, Ubico, Castillo Armas, etc., etc.

Question : Mais les États-Unis ont aussi été les défenseurs de la liberté dans de nombreux pays. N'ont-ils pas envoyé jusqu'à 500 000 hommes au Vietnam ? Et défendu le Cambodge contre les Khmers rouges ? Le Laos, l'Angola, le Mozambique, etc. ?

Triffin : Je crains que le jugement de l'histoire ne soit bien différent. Il sera le même que celui de Jean Monnet qui, malgré son indéfectible admiration et affection pour les États-Unis, estimait que l'erreur cruciale et désastreuse de la politique étrangère américaine était de consacrer – voire imposer – partout son aide militaire pour défendre, au nom de la liberté, l'anticommunisme, bien plus que la liberté, et assumer la survie des régimes les plus dictatoriaux, pourvu qu'ils soient anticommunistes.

Dans le cas du Vietnam, l'erreur initialc fut commise par de Gaulle lorsqu'il répudia les accords conclus par le général Leclerc avec Ho Chi Minh et la reconnaissance par la France de la république du Vietnam comme État libre faisant partie de la Fédération indochinoise et de l'Union française. On a peine à croire que c'est un moine bénédictin, Thierry d'Argenlieu[75], qui convainquit de Gaulle de suivre la politique inverse, rappeler Bao-Dai au pouvoir et entamer une interminable guerre, qui ne pouvait apparaître à la population que comme impérialiste et raciale.

L'appui militaire des États-Unis serait allé jusqu'à l'utilisation d'armes nucléaires tactiques à Dîen Ben Phu, si Eisenhower n'avait pas bloqué à temps son épouvantable Secrétaire d'État, Foster Dulles. Mais

---

[75] Thierry d'Argenlieu (1889-1964), en religion Louis de la Trinité, embrasse une carrière militaire dans la marine française avant d'entrer chez les carmes en 1920. Nommé douze ans plus tard supérieur majeur de la province carmélitaine de Paris, il reprend du service dans la marine en 1939. Rallié à la France libre dès 1940, il est nommé Haut commissaire et commandant en chef pour l'Indochine en août 1945. Élevé au grade d'amiral, il est rappelé en mars 1947 et retrouve le monde religieux, ses supérieurs acceptant, à la demande du général de Gaulle, qu'il reste chancelier de l'ordre de la Libération. Il exerce cette fonction jusque 1958.

celui-ci refusa d'entériner la paix conclue par Mendès-France et engagea directement les États-Unis dans la guerre.

Question : Quand et comment avez-vous marqué votre opposition à cette guerre ?

Triffin : Beaucoup trop tard, certainement. J'étais trop enthousiaste de la présidence de Kennedy pour m'aventurer aisément à le critiquer, et me contentai de soulever mes doutes à Arthur Schlesinger[76], qui les partageait entièrement et tachait de convaincre Kennedy de changer de politique à cet égard.

Lorsque Johnson succéda à Kennedy, il vint spécialement à Yale pour discuter de ses intentions avec l'équipe de Yale proche de Kennedy. Je me souviens du déjeuner auquel assistait également James Tobin[77], et où Johnson nous déclara : « Je sais que vous ne m'aimez guère, nous dit-il, mais faites-moi confiance, ou tout au moins suspendez votre jugement. Je vais me battre à fond pour le programme social que vous prônez et arriverai à obtenir l'assentiment du Congrès, refusé à Kennedy ».

Il le fit, mais amplifia aussi la guerre non déclarée au Vietnam, au point d'y envoyer 500 000 soldats dotés d'un équipement militaire dévastateur. Je signai en 1964[78] une lettre avec d'autres professeurs de Yale, mais après avoir réussi à convaincre mes collègues d'y ajouter une préface la rendant plus acceptable au président et disant essentiellement ce qui suit :

> Nous savons, Monsieur le Président, que vous disposez de nombreuses informations auxquelles nous n'avons pas accès et qui influencent votre jugement. Mais nous savons aussi que votre décision finale dépendra également de l'opinion publique et souhaitons, dès lors, vous aidez en résumant ci-dessous, celle qui prévaut largement dans cette université et, sans doute, dans la plupart des autres et chez les intellectuels en général.
>
> Vous ne pouvez envoyer nos soldats se faire tuer au Vietnam et y tuer, comme on leur demande de le faire, non seulement des militaires, mais des civils, y compris des milliers de femmes et enfants, sans être sûr d'un vaste appui de l'opinion publique, contraire à leur enseignement religieux. Le fait que vous ne vouliez pas vous risquer à demander au Congrès une déclaration de guerre ne démontre-t-il pas que vous êtes loin d'être sûr d'un tel appui ?

---

[76] Arthur Meier Schlesinger Jr. (1917-2007), assistant spécial du président Kennedy.

[77] James Tobin (1918-2002), économiste formé à Harvard est professeur à Yale à partir de 1950. Membre du Conseil des conseillers économiques de Kennedy de janvier 1961 à juillet 1962.

[78] La lettre est datée du 29 mars 1965. Voir annexe n° 14.

Mais une guerre jugée immorale par beaucoup entraînera une détérioration du « moral » même de l'armée et l'échec final d'une entreprise erronée et criminelle[79].

Question : Quelle fut la réaction du président ?

Triffin : Nous ne reçûmes même pas un accusé de réception de notre lettre. Mais un entrefilet du *New York Times* nous apprit que de telles lettres étaient transmises par la Maison Blanche au FBI et à la CIA pour vérifier si leurs signataires n'étaient pas des soudoyés du Kremlin[80] !

Ce fut la fin de mes relations officielles avec l'administration, mais pas évidemment de mes relations privées avec nombre d'officiels, y compris notamment, les secrétaires du Département d'État et de la Trésorerie.

Question : Et vos fils ? Partagent-ils vos convictions ?

Triffin : Entièrement. Et je suis particulièrement fier de la réponse de mon fils aîné, Nicolas, pour faire accepter par ses examinateurs, son statut d'objecteur de conscience. À la question : « Que feriez-vous si vous voyiez, en traversant un soir la grand place de New Haven, une vieille femme attaquée par de jeunes hurluberlus ? » il répondit, après un silence de réflexion d'une minute : « J'espère que je trouverais le courage d'aller à son secours, mais ce n'est pas une raison pour laquelle je ne circulerais plus dans New Haven, jour et nuit qu'avec un révolver à la main et le doigt sur la gâchette, ce qui est l'équivalent du service militaire que je refuse ». Il fut exempté, avec félicitations !...

Question : Vos opinions gauchistes ne vous ont cependant pas empêché d'être embauché à plusieurs reprises par le gouvernement américain, même au temps de McCarty.

Triffin : Exact, et même d'être envoyé aux frais du gouvernement dans de multiples pays, pour y faire des conférences prônant des politiques opposées à celles de l'administration. La démocratie n'est pas un vain mot aux États-Unis.

J'étais d'autre part, périodiquement soumis à des examens de sécurité, après de coûteuses investigations du FBI et de la CIA dans les divers endroits où j'avais vécu ou voyagé. Je reçus après l'une d'elles

---

79 *Ibidem.*

80 Johnson, L.B., *Ma vie de président*, 1963-1969, Paris, Buchet-Chastel, 1972, p. 168, écrit : « À partir du moment où nous avions touché la première cible militaire au Nord-Viêt-Nam, début février [1965], nous fûmes soumis à un barrage de propagande de plus en plus important […]. Quelques grandes figures de la vie publique américaine se mirent à entonner le même refrain. Tous ignoraient le fait capital, à savoir que nous bombardions le Nord parce que celui-ci intensifiait son agression dans le Sud ».

une lettre me demandant des explications sur le fait que mon nom était mentionné sur le carnet d'adresses d'un professeur japonais, Shigeto Tsuru[81], et d'un professeur américain, dont je tairai le nom, tous deux dénoncés par certains, peut-être à tort d'ailleurs, comme communistes.

Je répondis aisément que j'avais connu Tsuru à Harvard, comme assistant du professeur Haberler, et étais resté son ami depuis lors. Je n'ajoutai pas que la valise où se trouvait mon carnet d'adresses avait été « égarée » pour vingt-quatre heures par Panamerican Airlines lors d'une de mes visites à Paris.

Mais je fus heureusement arrêté par ma secrétaire lorsque je lui dictai que j'aurais besoin de plus d'information, quant au professeur américain dont je ne me souvenais pas. Elle vérifia dans le bottin de Yale qu'il était en fait mon collègue comme fellow de Saybrook College et que je déjeunais plusieurs fois par semaine avec lui. Mais j'avais oublié son nom de famille et ne l'appelais que par son prénom, comme c'est la coutume aux États-Unis.

Je frissonne à la pensée de ce qu'auraient soupçonné les services de sécurité, si j'avais nié le connaître !

Question : Vous étiez alors citoyen américain. L'êtes-vous encore, bien qu'ayant acquis de nouveau la nationalité belge[82] ?

Triffin : Je crois que la réponse la plus autorisée à votre question est celle suggérée par Willy De Clercq lorsqu'il me décerna officiellement, mais avec humour, en 1973, devant un vaste auditoire, en tant que ministre des Finances, le titre de commandeur de l'ordre de la Couronne que me conférait le Roi. Cette distinction, dit-il, vous est décernée pour une double raison : pour être resté fidèle au village où vous êtes né Flobecq, ou plutôt – pardonnez-moi ce stupide lapsus – Vloesberg ! tout en devenant un citoyen du monde auquel tout nationalisme est étranger.

Une autre est la réponse du président Kennedy à son secrétaire du Trésor, Douglas Dillon, lequel marquait son étonnement, en 1964[83], de m'avoir vu à Paris en avril dans la délégation des États-Unis à l'OCDE, et en septembre dans la délégation de la Communauté européenne à la conférence annuelle du FMI : « Drop it, Doug, he is one of our first

81 Tsuru Shigeto (1912-2006) présente son Ph.D. à Harvard en 1940. Rentré au Japon après la guerre, il est vice-ministre du « Bureau de la stabilisation économique » de 1947 à 1948. Entamant ensuite une carrière académique, il présidera notamment l'Université Hitotsubashi tout en consacrant une attention grandissante à la défense de l'environnement.

82 Voir annexe 15.

83 La date est erronée puisque le président Kennedy a été assassiné à Dallas le 22 novembre 1963.

Atlantic citizen, and we need many more of them ! » (en français : « Laissez tomber, Doug, il est l'un de nos premiers citoyens atlantiques, et nous avons besoin d'en avoir bien d'autres ! »)

Je dois cette anecdote à George W. Ball, sous-secrétaire d'État à l'époque, lequel était enchanté que je puisse servir simultanément la Communauté et les États-Unis comme conseiller en matière monétaire afin de promouvoir des deux côtés de l'Atlantique l'adoption des accords de coopération les plus souhaitables, tout en ne trahissant évidemment pas les informations qui me seraient imparties à titre confidentiel.

Question : Légalement, cependant, vous n'étiez à l'époque que citoyen américain. Vous êtes redevenu depuis citoyen belge. Pourquoi, si vous considérez que votre nationalité administrative est sans importance ?

Triffin : Pour la raison bien simple que je désire être citoyen à part entière, capable d'assumer pleinement les responsabilités politiques qui m'incombent en régime démocratique.

C'est pourquoi résidant et travaillant aux États-Unis de 1939 à 1977, j'y ai pris la nationalité américaine, mais ai repris la nationalité belge, avec l'un des premiers passeports européens, après mon retour en Belgique.

Bien que née aux États-Unis et américaine de cœur, mon épouse a désiré, à ma grande surprise, prendre également et pour les mêmes raisons la nationalité belge.

Nous y avons trouvé tous deux un avantage supplémentaire : si le régime légal d'imposition est sensiblement plus élevé en Belgique qu'aux États-Unis, ils y servent considérablement moins – et bien moins que dans la plupart des autres pays également – à un gaspillage militaire éhonté et suicidaire pour le monde.

Question : Mais n'auriez-vous pas pu conserver les deux nationalités ?

Triffin : C'est ce que beaucoup font et ce qu'on nous a fortement suggéré. C'est illégal, mais on ferme les yeux. Nous n'y avons pas consenti, souhaitant minimiser les formalités administratives, et étant fiers d'être probablement seuls au monde à avoir renoncé aux avantages de la citoyenneté américaine et embrassé pleinement la nationalité belge, ou plutôt européenne.

Question : N'êtes-vous pas déçu de n'avoir pas encore reçu le prix Nobel d'économie ?

Triffin : Pas plus que de n'avoir jamais été invité à exposer mes vues par la Fondation Per Jacobsson, créée il y a vingt-cinq ans, en 1964, pour « promouvoir un débat international éclairé des importantes questions d'actualité dans le domaine monétaire ». Mais vous ne pouvez guère attendre de moi une réponse objective et impartiale à cette question.

Je suis certes tenté d'y voir une réaction parfaitement compréhensible de l'« establishement » en place – particulièrement les banques centrales – et des États-Unis à mes vues dissidentes, tant sur le plan politique et militaire que sur le plan économique. Une seconde motivation, tout aussi compréhensible, est que la plupart de mes publications sont inspirées par le simple « bon sens » – souvent opposé au « sens commun », c'est-à-dire les idées les plus courantes – et non par les analyses ésotériques de théorie mathématique de la majorité des économistes qui ont presque monopolisé les attributions du prix Nobel.

Je m'en accommode d'autant plus aisément que je suis inondé de bien plus d'autres distinctions honorifiques qu'aucun économiste puisse mériter.

Question : Vous avez eu plusieurs rencontres avec le Roi et la Reine[84]. Que pouvez-vous nous en dire ?

Tribut : Beaucoup trop peu hélas, étant évidemment tenu à un silence total quant à nos conversations privées, dont je me permettrai cependant de dire qu'elles ont toujours été les plus intéressantes et constructives qu'il m'ait été donné d'entretenir avec les hommes d'État que j'ai connus.

Je rencontrai le Roi pour la première fois à Laeken, en 1964, au lendemain d'une conférence assez retentissante à la Banque de Bruxelles où j'avais attribué l'aggravation des déficits du budget et de la balance des paiements des États-Unis à leur guerre « non déclarée et insensée au Vietnam ». Le Roi avait de multiples questions à me poser à ce sujet, et notre entretien se prolongea bien au delà de l'heure prévue.

Notre deuxième rencontre dura près d'une semaine[85]. Le Roi souhaitait mieux connaître les États-Unis et estimait pouvoir le faire mieux au cours d'une visite privée qu'au cours d'une visite officielle. Son Grand Maréchal de la Cour, Monsieur Liebaers, suggéra qu'il visite l'Université de Yale et le Roi préféra loger chez nous plutôt que chez le président de l'université, afin de rendre ses contacts à l'université aussi « normaux » que possible. Nous y réussîmes au-delà de toute espérance, le Roi et la Reine prenant la plupart de leurs repas à une table d'étudiants choisie chaque fois au hasard, au Berkeley College, dont j'étais « Master ».

---

84 Baudouin Ier (1930-1993), cinquième roi des Belges et Fabiola, reine des Belges.

85 Le séjour du Roi et de la Reine dont parle Triffin a lieu en 1976.

Le Roi rencontra les professeurs de Yale que nous jugions les plus compétents dans leurs divers domaines, au cours des séminaires permettant de nombreuses questions et d'amples discussions sur les problèmes économiques et politiques les plus cruciaux et les plus controversés. Quant à la Reine, elle participa à des séminaires organisés autour de ses principaux intérêts à elle, particulièrement les différences entre la Belgique et les États-Unis dans l'éducation des enfants et le maintien ou le rétablissement de leur santé physique et équilibre émotif. Elle se souciait d'inclure dans ses visites en ville les quartiers les plus pauvres dont on épargne généralement la vue aux visiteurs. Le soir venu, le Roi et la Reine échangeaient leurs impressions sur ce qu'ils avaient appris l'un et l'autre pendant la journée.

Je citerai enfin, parmi d'autres rencontres, la moins attendue de toutes : la visite prolongée du Roi au jubilé célébrant mes cinquante ans de professorat[86] et une conversation fascinante de plus d'une heure, au déjeuner, touchant aux problèmes économiques et politiques les plus cruciaux pour la Belgique, l'Europe et le monde.

Nous avons donc eu, ma femme et moi, de multiples occasions d'apprécier personnellement ce qui motive l'affection et la reconnaissance de tous les Belges pour leurs souverains : leur dévotion totale à l'union et à la paix, leur simplicité, leur amour mutuel, leur respect et leur préoccupation pour les plus démunis de leurs citoyens, etc., etc.

Notre affectueux respect pour la famille royale ne connaît aucune borne. Nous ne sentons que trop bien combien indispensable elle est pour la survie même d'un pays écartelé par de misérables querelles linguistiques, explicables historiquement, mais qui ont perdu aujourd'hui toute justification.

Question : Que pensez-vous du titre de « baron » qui vient de vous être octroyé[87] ?

Triffin : Je ne puis évidemment que partager l'étonnement quelque peu amusé et ironique de la plupart de mes amis aux États-Unis, dont l'égalitarisme s'accommode mal de ce genre de distinction.

Mais j'admire, d'autre part, la survivance, en Belgique, d'une tradition séculaire unissant encore ici dans des relations patriarcales la noblesse et son entourage. Et j'apprécie dans la distinction que m'a conférée le Roi le fait qu'elle est rarissime et porte, plus que tout autre, sa griffe personnelle.

---

86 Le jubilé Triffin est organisé à Bruxelles les 8 et 9 décembre 1988. *Jubilee Robert Triffin : Evaluation of the International and Regional Monetary Systems, Brussels, December 1988*, dont les actes sont publiés chez McMillan.

87 Triffin est fait baron en 1989.

Question : Je crois que nous ne pourrions mieux conclure qu'en vous laissant vous poser à vous-même la dernière question ?

Triffin : La plus adéquate est sans doute ce que je pense moi-même de ma vie. En bref, c'est que ce qui l'a remplie fut certes l'imprévu : que né dans un minuscule village de Belgique, j'aie été invité à enseigner dans les universités les plus prestigieuses du monde, appelé en consultation par près de cent pays, contribué à l'unification monétaire et politique de l'Europe, et sois finalement rentré dans mon pays natal, accablé d'honneur des deux côtés de l'Atlantique en dépit de ma dissidence continue vis-à-vis de l'« establishement » officiel et privé.

Le mot qui me vient à l'esprit pour baptiser ma vie est : « étonnante ». Mais je suis aussi profondément conscient de n'y avoir eu aucun mérite, pour deux raisons. La première est que ma seule originalité, comme économiste, est d'avoir sans cesse souligné que le « bon sens » est souvent à l'inverse du « sens commun ». La seconde est que je suis né avec cette vision du monde, ce « Weltanschauung », dû sans doute à quelque lointain ancêtre, mais non à moi.

Annexes

ANNEXE 1

Rapport de Robert Triffin pour la CRB Educational Foundation, Cambridge, 1936

ROBERT A. TRIFFIN
Belgian Graduate Fellow 1935-1936 Louvain,
Bachelier en philosophie, Greatest Distinction, 1931, Louvain,
Docteur en droit, Great Distinction, 1934, Louvain,
Licencié en sciences économiques, Greatest Distinction, 1935, Louvain
Harvard University, Graduate School of Arts and Sciences Candidate for the M.A. and Ph.D.
Economics – Localization of Industries

Cambridge, Mass., January 31, 1936.

Environment

« C'est une ville debout ». Such was the first impression of the French novelist Céline. I do not know a better description of New York. The impression is so new that all attempts at a more detailed description fail to convey any meaning to those who have not fallen under the spell of the City itself.

Before we could land, the Secretary of the CR Educational Foundation was with us, taking upon himself the unavoidable formalities of the immigration's and customs' regulations. It was such a comfort to land without all these troubles, to be free of all tares for room reservations, to be allowed to give our undivided attention to the startling spectacle of a long waited for Manhattan. We are grateful to him for the perfect organization of our arrival and for the planning of a program that has made our first day in New York a perfect souvenir. And I would like to express our thanks, too, to Madame Swaelus Godenne who took care of the despairing and boresome formalities preceding our departure.

Once away from the City of the skyscrapers, we find a large park, known as New England, which has, to our surprise, houses not of concrete or steel, but of wood. At our destination we find a large, European town : Boston – too European even to inspire in us the came love as New York did. In our first weeks at least we avoid Europe and, as Mr. Hearst, are in search of pure and unadulterated Americanism. Yet, now that Boston has become a little more familiar, I am beginning to enjoy the historical spots of the cradle of American independence and the rich artistic life of a city which has long been considered as the intellectual metropolis of the United States.

And Harvard ? Red bricks, white stones, changing ivy, lively squirrels, a peaceful atmosphere which makes work so much casier and more agreeable.

What of a more trivial matters, such as lodging and eating ? I am so enthusiastic about Adams House that I could not but strongly advise anyone who comes here to seize the opportunity of entering one of the Houses, if the opportunity is offered to him. Previous reports had told the story of the Houses, and their advantages over Conant Hall and Perkins Hall, reserved for graduate students exclusively. A homely atmosphere in the common rooms, musical room, dining room, et cetera, a magnificent and so convenient library, perfectly modern apartments, and above all, the best choice of friends among the undergraduates, are things one should not miss.

Personal contacts, if you start on the right foot, are the easiest thing to achieve. The students, especially the undergraduates, at Harvard are very interesting to meet and to become acquainted with. Their intellectual and cultural level is indisputably superior, on the average, to what we find in our country. I have long hesitated beforc making this statement, though I would apply it only to Harvard (I dont know the conditions elsewhere), and I know it will seem rather strange to the Belgians who will happen to read it. I was myself the first to be surprised by the realization. One of the causes of this superiority may well be an uncommonly keen curiosity awakened or at least powerfully helped by the program of general culture which fills the four years of college, and which might be compared with our « Philosophie et Lettres préparatoire au Droit ». The great freedom of the student in the choice of his courses, the tutorial system (a special feature of Harvard, adopted from the English methods of Oxford and Cambridge), the easy intercourse between professors and students, the emphasis put throughout on outside reading and on class discussions, the character of the examinations, may at least partly explain this.

Curriculum

I have, first of all, some debts to acknowledge to the people who helped me to trace my program of studies. This made possible an early start, preventing a loss of time in becoming orientated. Professor Dupriez, Mr. Charles Roger, Mr. Carlos Van Bellinghen, Mr. Morris E.

Garnsey had helped me to clear the matter before my interview with the head of the department of Economics, Prof. Burbank. The program so drafted met with the full approval of all the professors concerned, and after some minor improvements, due mainly to changes in the courses offered this year, it was ready on the first day of the academic year and has been carried out so far without changes.

I was first confronted with the unavoidable choice between a free program of work, leaving much room for personal research and the preparation of my thesis, or a regular program, approved by the University and leading to the degree of A.M. or Ph.D. I decided finally upon the following course : I shall be a candidate for the A.M. degree at the end of the year, and if circumstances allow me to stay here a second year, I shall devote most of my time to the preparation of a thesis to be offered for the Ph.D. degree. However narrowly scholastic such a plan may seem, I am more and more convinced of the outstanding importance of a full theoretical preparation for any practical work. The regular program of the department offers the best way to achieve this end, providing moreover some elements of mental discipline which, under the circumstances, are not necessarily to be despised. At the same time it leaves ample room for private initiative in the choice of courses, the decisions as to outside reading, and the preparation of the thesis, which is the principal requirement for the Ph.D.

In order to leave my second year, if I am so fortunate as to have it, almost entirely free for practical work, I decided to work this year in four of the six fields of study which must be offered for the Ph.D. Three of them are absolutely fundamental and are practically imposed by the department upon all candidates for this degree. The last one is intimately related to the special field of investigation to which my thesis belong.

1) Professor Schumpeter : Economic Theory

« This course », so runs the announcement, « is intended to give a firm grasp, and to train in the use, of the principles or look of theoretical analysis as far as they are essential to all scientific work in Economics ». Professor Schumpeter is the most fascinating person you could imagine. Due to his training in both Continental and English Economics, his course combines perfectly a rigourous logical exposition, and discussion of the broad implications of the subject matter, with a very searching study of the fundamental problems of value and distribution. These last aspects are along lines largely mathematical, at least if compared with the general teaching in Belgian and French universities. Occasionally other important subjects are touched upon. Most of the work has to be done outside the classroom and the reading assignments seem terrific to many students. Besides the assignments, the suggestions for further reading or studies will, I feel, keep me busy for a long time to come. Professor Schumpeter adores bringing before us new problems or new points of view, discussing them briefly, indicating some books and articles, and then « dropping the subject, leaving it to your meditations in the dark of the night ». In the ground covered in class, discussions coordinate, clarify, criticize the historical developments of the solution offered to the problem under investigation, always bringing the matter up to the more recent contributions.

2) Professor Gay : Recent Economic History

Professor Gay has inspired such a large part of the best work done in this country in his field that he might probably be considered the most stimulating man in the department. As a member of the CRB organization he has taken a particular interest in my work and will be of invaluable assistance in the working out of my thesis. His course in Recent Economic History is, as are practically all the courses here, largely conducted by reading assignments and class discussions.

3) Professors Crum and Frickey :
Theory of Economic Statistics

A very advanced and highly rated course, it is very hard at times, but considered essential by everyone. The course affords a thorough discussion of statistical methods such as curve-fitting, correlation analysis, implications of the construction of price indices or indices of physical production, statistical derivation of demand curves, etc.

4) Professors Black and Cassel :
Commodity Distribution and Prices

Professor Black han been a pioneer in many directions. His interests are centred on practical research work, based on a solid theoretical and statistical preparation. Professor Cassel has studied extensively in Europe, and being quite young yet is as much a friend as a teacher. Some of his studies (as a famous article in the *Economic Journal*) have given him an early recognition in the clannish world of the economists. He has been and is yet an excellent friend and a constant adviser in my studies. The course itself is intended to cover a field almost uninvestigated as yet and which will, I think, acquire a greater importance in the future, in view of the constantly increasing cost of our distributive process.

Coming closer to my special field of interest, I must say a word of two fortunate circumstances I found on my arrival. Harvard has secured for next year Professor Haberler of Vienna to give a course in International Trade. Having met him last year at Louvain, I shall appreciate the opportunity of listening to him. However, this year I audited some classes of Professor Leontieff on the same subject ; besides the interest of getting two very different points of view in a field, today so uncertain, I have heard too much admiration of Professor Leontieff's originality and profundity to miss his course of this year.

Secondly, and even more directly connected with my work, there was initiated this year a course in the very subject of my investigations, « The Location of Economic Activity ». I found in this fact a confirmation of the interest of the field I have chosen, and the promise of welcome assistance in the framing of the theoretical preparation of my thesis. The work for this course starts in the second half of this year.

As to the library, no library in the world offers such conveniences, I think, as our Widener, the richest of all university libraries – free access to, and a reserved stall in, the stacks, the outside borrowing of books for a month, et cetera. Work is made so much easier this way.

I mention, in passing, my attendance during the Christmas recess at the meetings of the American Economic Association in New York, where I met some of the best known economists of this country (F. H. Knight and J. Viner from Chicago, J. R. Gommons, father of Institutional Economics, J. M. Clark, etc.), and even Europeans, Lederer, e.g.

A final word must be added in praise of the astounding friendliness and geniality of our teachers. I ought to cite all those I have met. Through informal luncheons or dinners, constant invitations to visit them at their offices, every opportunity is offered for discussions and guidance in a very enjoyable way. This easy intercourse, so precious to a foreigner, eager of knowing the country, is a characteristic of American education, but also, in a broader way, of all American life. I ought to speak of all my friends of Adams House, of the splendid vacation they gave me at their home in New York at Christmas time, and of our marvellous excursions to the mountains of New Hampshire (some skiing experiences will not be forgotten soon). And I should give further expression of gratitude to Mr. Galpin for his brilliant idea of the CRB Club of Boston : former American Fellows, Belgian Fellows of Harvard, Boston, Providence meet in a cheerful atmosphere with our President, Miss Shaler, and her charming girl friends. Would that be possible outside this country, where the attitude towards freedom is not one of distrustful tolerance, but of optimistic faith ? I fear our Old World would frown on it.

« So there are really no black spots, no shades in your pictures? » you might ask me. I am afraid I could perceive some if I wanted to (in the political and administrative scene, for instance), but they do not alter to a very large extent the general impression. And, as my impression in this report may only, in this stage of my stay, be based on feelings, – not yet on cool reasoning – I do not think it would be fair to drag them into the picture, before they have time to attain more consistency.

I am not yet ready (shall I ever be ?) for judgments.

ANNEXE 2

Rapport de Robert Triffin pour la CRB Educational Foundation, Cambridge, 1937

ROBERT A. TRIFFIN
Belgian Graduate Fellow 1936-1937 (Renewal) Louvain,
Bachelier en philosophie, Greatest Distinction, 1931 Louvain
Docteur en droit, Great Distinction, 1934 Louvain
Licencié en sciences économiques, Greatest Distinction, 1935, Louvain
Harvard University, Graduate School of Arts and Sciences Candidate for the M.A. Degree Economics

Cambridge, Mass., January 28, 1937

Environment

« De gustibus et coloribus non disputatur. » I should not defend the Harvard Houses against the crushing attacks of my good friend Julien Verplaetse. But obedience to a saying, even a Latin one, would be bought at too dear a cost, if it implies a cowardly unfaithfulness to my dear Adams House. That Dunster House may be inconvenient for a Langdell Hall student I shall not venture to dispute. But for anyone whose work is mainly conducted in the Widener Library or in any other part of the old yard, no place can be found so near as Adams House, either for lodging or for meals. But this is even a trivial matter in view of the other charms and attractions so complacently in my enthusiastic report of one year ago.

Curriculum

Due to the generosity of the Foundation, and to the patient efforts of Mr. Hallaert, Belgian Consul in New York, I was able to spend the summer in this country. With Dr. Louis Henry and Dr. Van der Lyn, I crossed a continent, for the first time in my life. I shall not dwell here on our itinerary. This was donc excellently in Mr. Van der Lyn's report.

But I must insist on two points. First the inappreciable outlook it gives to a European, eager to understand the United States, their political and economical problems (the frontier, the geographic sectionalism, etc.), the reactions of their public opinion. This cannot be learned in Boston or in New York, any more than we would go to London or Paris to understand, say, the subjects of King Zog. This, in spite of a large degree of standardization and unification as reflected for instance in the drug store, that very federal institution. And secondly, I must say a word of the importance of that trip for my actual thesis work. I passed some time at Knoxville, interviewing some officials and visiting the installations of the famous TVA. I visited also some oil fields and some steel factories, especially the Inland Steel plants at Chicago. Finally, the great benefit of my trip, especially considering the actual shape taken by my work, was undoubtedly in the visiting of professors and universities – Princeton (where I passed two weeks), Stanford, Berkeley, Madison, Chicago, etc. At Chicago I stopped for about one month, taking advantage of the summer term organized by the university. Through the unforgettable courtesy and friendliness of Professor Henry Schultz I was invited to register at the Quadrangle Club where I had every opportunity to meet the other professors in whose work and viewpoints I was interested, i.e. Professors Knight, Viner, Douglas... I would like to go again to Chicago...

Professor Knight, especially, gave me many hints which have proved precious in my work and have no doubt spared me many laborious experiments.

Harvard greeted me, at my return, with all the pageantry of the Tercentenary celebration. Conferences and discussions aroused much interest, except, I am sorry to say, in the department of social sciences, which did not seem to live up quite to expectations.

The first term started soon. Once more I was unable to resist the voice of the Sirens and I registered in two courses, auditing two other ones. Professor Schumpeter was hard to take leave of ; his advanced course on business cycles, moreover, could not leave indifferent a student of Professor Dupriez : I registered with enthusiasm and am tendering today a paper on the relations between the effects of the business cycle and of monetary overvaluation on the economy of the Gold bloc countries (more especially Belgium) during the years 1931-1935.

For Professor Haberler's International Trade, one of my major subjects, I wrote a paper in which I tried to reinterpret Professor Cassel's theories on purchasing power parity.

Finally, my schedule was completed by the preparation of my thesis work. I have found invaluable help in Professor Leontieff and Professor Chamberlin. I expect also at a later stage to discuss more factual information with Professor Black. I really began only to reap this year the first results of last year's preparatory work. The general complement of economic training I received at that time proves to be an incomparable asset. It has given my thoughts a very different direction, and I hope my thesis will show the trace of it. The blending of the continental approach to economics with the American outlook on the same problems seems to lead in a promising direction. This is especially true, I think, when the « general equilibrium » approach of Walras and Pareto is confronted with such modern developments of the theory of value as are due to Professor Chamberlin in his « Theory of Monopolistic Competition ».

General

I could not have chosen a better year to observe the play of political and economic forces on American institutions. The presidential campaign was full of teachings to a European observer. I shall not dwell here on all the reflections it suggested to me. One aspect, however, impressed me more than anything else and I might make here a notice of it. The campaign had been bitter, the fight ruthless. Facism and communism were denounced daily by one or the other of the parties. But as soon as the voting was over, there was only left the « President of the United States ». The respect for the democratic rule in this country finds its extreme form in the numerous instances of political commentators confessing themselves to have been wrong. The decision of the nation was hailed by such people as final, not only in the matter of acceptance of the legal ruler by his opponents but even as commanding some sort of intellectual adherence to ideas which the will of the people had proved to be right. This was, of course, an extreme view, but the fact that it was found, and not so infrequently, seems to me significative of a mentality to which our democracies are entirely impervious.

To the institution which gives me such opportunities for scientific training and, more generally, for cultural and human development, to its officials and more especially to our so warmly regarded vice-president, I pledge again my deep and lasting gratitude.

ANNEXE 3

Note sur la collaboration de Robert Triffin avec Jean Monnet

par Robert Triffin (Louvain-la-Neuve),
professeur émérite à Yale

Mes premiers contacts avec Jean Monnet remontent à 1948 et furent marqués par un désaccord total sur la tactique à suivre pour promouvoir le but ultime sur lequel je partageais son enthousiasme : le parachèvement de l'union monétaire européenne comme élément essentiel de son union politique dans ce qu'il appelait les États-Unis d'Europe.

Je négociais alors à l'OECE mon projet d'Union européenne des paiements (UEP), prodrome du SME actuel, supérieur à certains égards et accepté intégralement en septembre 1950 contre l'opposition forcenée du département du Trésor des États-Unis[1]. Quant à Monnet, il était principalement absorbé par ses fonctions de directeur du Fonds de modernisation de l'équipement français. L'appui de l'ambassadeur américain David Bruce et de son conseiller financier William Tomlinson lui était essentiel pour obtenir des États-Unis l'utilisation de la contrepartie en francs des dollars de l'aide Marshall et du gouvernement français son affectation aux investissements considérés comme prioritaires par Monnet et ses collaborateurs, particulièrement Pierre Uri.

Les relations de confiance et d'amitié entre Monnet et Tomlinson devinrent de plus en plus étroites et fructueuses et renforcèrent sans doute leur scepticisme vis-à-vis de mon projet d'UEP, jugé beaucoup trop modeste et insuffisant.

Le succès de l'UEP dépassa rapidement toutes les espérances et balaya le scepticisme initial de Jean Monnet et les objections de nombreux autres économistes et dirigeants financiers et politiques. C'est avec conviction et enthousiasme que Monnet appuya en 1957 mes propositions de développer l'UEP en un Fonds européen de réserve auprès duquel les banques centrales de pays de la Communauté détien-

---

1 Voir le chapitre V de Triffin, R., *Europe and the Money Muddle : From Bilateralism to Near-Convertibility, 1947-1956*, New Haven, Yale University Press, 1957, p. 161-208.

draient en une monnaie commune, baptisée ECU, une proportion grandissante de leurs réserves d'or et de devises. Au stade final, la conversion totale de leurs réserves en ECUs en ferait la banque centrale fédérale de l'union monétaire, économique et politique des États-Unis d'Europe.

Je conserve un souvenir particulièrement vivace d'un appel téléphonique que je reçus en novembre 1969 à Yale où j'étais alors professeur d'économie et maître de Berkeley College. Monnet me demandait d'être à Paris le lendemain. Je me récriai que c'était impossible, en raison de mes engagements à l'université. Il me rétorqua qu'il ne pouvait me donner ses raisons par téléphone, mais que ma présence lui était aussi urgente qu'indispensable.

Je pris donc le premier avion pour Paris et rejoignis Monnet à son appartement de l'avenue Foch. Il m'expliqua qu'il avait convaincu le chancelier Willy Brandt de présenter à la première conférence au sommet de La Haye notre proposition de créer le Fonds européen de réserve. Nous devions fournir de toute urgence au chancelier la documentation économique et statistique que lui refusaient obstinément tant le ministre allemand des Finances que la Bundesbank.

Nous le fîmes et Brandt présenta son projet, mais en vain ! Ses opposants argumentèrent que la proposition était... trop modeste. Comme disent les Américains, le Conseil européen « killed it with kindness » (« le tua avec gentillesse ») ; il fallait, disaient-ils, aller beaucoup plus loin et mettre en place d'un seul coup une union monétaire totale, bien évidemment assortie de conditions préalables dont la réalisation s'étirerait sur une période transitoire d'une dizaine d'années ! En fait, il fallut attendre vingt ans pour que notre projet soit remis en discussion dans le cadre du plan Delors...

Mais malgré cet échec, que j'espère toujours provisoire, ma collaboration intense avec Monnet me laisse un souvenir lumineux. Il n'était pas un technicien. Ce qui faisait sa grandeur et sa force était sa capacité de s'entourer de gens compétents, des meilleurs esprits, et à les écouter. Quand une question semblait trop difficile à ses collaborateurs, il leur disait : « Réfléchissez ce week-end et revenez me voir lundi. Je souhaite avoir une idée claire et pratique de ce problème. » Ils revenaient, expliquaient, et Monnet prenait des notes. Puis il demandait à réexpliquer dans son langage à lui ce qu'il avait cru comprendre. « Arrêtez-moi si je me trompe ! », demandait-il.

On l'arrêtait bien vite car il se trompait souvent, mais à la fin de ces séances qui pouvaient durer des heures, il était arrivé à mettre des mots accessibles aux politiciens sur les problèmes économiques et monétaires les plus abstrus et complexes.

Il allait alors exposer ses idées, en termes simples, à l'un ou l'autre ministre qui, séduit, consultait son chef de cabinet ou son secrétaire général. Ces experts soulevaient des objections en des termes que le ministre ne comprenait pas, et Monnet y répliquait dans un langage intelligible à tous. C'est ainsi qu'il emportait la décision ! Et cette capacité de bien s'entourer, d'écouter, de parler se doublait d'une grande modestie. Il considérait que c'était non à l'inventeur, mais au responsable politique que devait revenir le crédit d'un projet. Il était réellement enchanté, par exemple, de voir baptiser « plan Schuman » ce qui était, en fait, un « plan Monnet ». Tout cela explique pourquoi, à un moment où certains le croyaient en perte de vitesse, politiquement, il conservait en réalité une influence énorme, notamment aux États-Unis. Je n'ai jamais regretté de côtoyer un tel maître, d'œuvrer, dans la mesure de mes moyens, au même idéal.

Le seul autre désaccord que j'aie eu avec Jean Monnet mérite peut-être une brève mention. Il a trait à l'entrée de l'Angleterre dans la Communauté. Je considérais moi-même comme de Gaulle que l'Angleterre ne s'y était finalement résignée que pour combattre de l'intérieur les progrès qu'elle ne parvenait pas à empêcher de l'extérieur. Je souhaitais donc que l'approfondissement de l'union économique, monétaire et politique et son parachèvement aient la priorité sur son élargissement à l'Angleterre.

Je le crois encore aujourd'hui, la politique européenne de Mrs Thatcher rejoignant à cet égard celle de Nicholas Kaldor !

Quelques mots, pour terminer, sur mes relations personnelles avec le père de l'Europe.

C'est de l'automne 1969 que date le resserrement grandissant de ces relations. Nous nous rencontrions fréquemment à l'avenue Foch avec deux ou trois autres collaborateurs de Monnet pour discuter, pendant et après un déjeuner savoureux mais très simple, des problèmes qui le préoccupaient. Le soir venu, il me prenait en voiture pour sa maison de campagne de Montfort L'Amaury, où nous continuions notre conversation au cours de longues promenades dans son verger, de réminiscences personnelles autour de la table de sa salle à manger, souvent prolongées bien au-delà de minuit, et enfin de notre retour à Paris le lendemain matin.

Je me souviens de deux réflexions particulièrement dignes d'être méditées.

La première est son objurgation de toujours répondre, à quiconque me consulterait, ce que je pensais moi-même. C'est là ce qui fait votre force de persuasion – comme la mienne – et vous devez fermement continuer à refuser, en conséquence, de transmettre des « instructions », gouvernementales ou autres, qui différeraient des vôtres.

La seconde est que l'erreur fondamentale de la politique étrangère et militaire des États-Unis était leur crainte maladive du communisme et leur tendance à ne voir qu'à travers ce prisme déformant leurs relations avec des pays pour lequel ce n'était que bien rarement le principal problème. D'où leur proclivité à consacrer – voire imposer – partout une aide militaire insensée pour défendre, au nom de la liberté, l'anticommunisme bien plus que la liberté et assurer la survie des régimes les plus dictatoriaux et exécrables, pourvu qu'ils se proclament anticommunistes.

J'eus une dernière conversation téléphonique avec lui quelques jours seulement avant sa mort. Il s'excusa de la faiblesse de sa voix, due dit-il à des ennuis de santé. À mon espoir d'un prompt rétablissement, il me répondit : « N'y comptez pas ! Ma maladie est une qui ne pardonne pas : la vieillesse. »

Annexes 4 à 8 : Le projet de Fonds européen de réserve

Dans le cadre des travaux du comité intergouvernemental de l'OECE mis en place en vue d'étudier la création d'une zone européenne de libre-échange, les questions relatives aux paiements furent évidemment soulevées. À l'automne de 1957, tandis que le rapport Maudling préconisait d'attendre les propositions du comité de direction de l'Union européenne des paiements – une position soutenue par le Comité intérimaire pour le marché commun et l'Euratom –, Robert Triffin formule un projet de Fonds européen de réserve. Comme le lui écrit Pierre Uri le 30 septembre 1957 de Luxembourg : « grâce à vous nous avons maintenant une proposition dont la structure et l'intérêt par tous les partenaires apparaissent clairement ».

Annexe 4

Mémorandum sur la création d'un Fonds européen de réserve

L'Europe s'est engagée dans la voie de son unité : c'est dans cette voie qu'elle doit trouver l'issue de l'immense problème financier auquel il lui faut faire face.

Les investissements, malgré l'ampleur qu'ils ont connue dans les dernières années, devront être maintenus ou même accrus pour assurer le relèvement du niveau de vie par la poursuite de l'expansion et l'accélération du progrès technique. Il faudra à la fois financer la modernisation qu'exige le maintien de la capacité d'exportation et que suscite la concurrence sur le marché commun, pourvoir à la couverture des besoins rapidement croissants en énergie, faciliter les reconversions d'entreprises qui permettent de concilier le progrès de la productivité et le maintien de l'emploi.

Le développement du marché commun appelle l'instauration d'un système financier qui assure que tous les pays participants puissent poursuivre ces investissements dans la stabilité du niveau des prix et dans l'équilibre des comptes extérieurs.

Enfin, un ensemble aussi puissant de pays, qui ne se veut pas autarcique, se doit de préparer les conditions d'une convertibilité fermement établie ; non seulement de leurs monnaies entre elles, mais aussi avec les autres monnaies du monde, et du développement d'un centre financier de premier ordre, constitué par un réseau de places étroitement reliées entre elles, qui joue un rôle décisif dans le monde ; ces conditions ne sont plus à la mesure des pays européens séparés.

Ces objectifs ne peuvent être atteints que par le dégagement de ressources financières supplémentaires qui proviendront :

- de l'établissement de la convertibilité des monnaies européennes entre elles par un système de règlement approprié à la fusion des économies que réalise le marché commun ;
- d'une confiance dans la stabilité, qui restaurera le goût de l'épargne et donnera toute leur efficacité aux mesures destinées à reconstituer un vaste marché des capitaux ;
- de l'utilisation productive d'avoirs aujourd'hui stériles.

Ces considérations conduisent les gouvernements [...] à proposer la création d'un Fonds européen de réserve dont le fonctionnement assure la convertibilité des règlements entre États membres, la coordination des politiques monétaires et la continuité de l'expansion dans la Communauté, permette la reconstitution d'un vaste marché financier et la libération des mouvements des capitaux, organise les règlements monétaires et financiers entre la Communauté, les autres pays européens et le reste du monde.

Le Fonds sera alimenté par des dépôts des États membres, dont il garantira la libre utilisation pour tous paiements aussi bien à l'extérieur qu'à l'intérieur de la Communauté. Ils seront libellés en une unité de compte européenne définie de manière à leur assurer une garantie de change en termes de la plus stable des monnaies du groupe, auquel pourra être adjointe une référence au dollar lui-même.

Les dettes et créances entre banques centrales participantes seront réglées immédiatement par inscription à leur compte. Elles pourront tirer sur ce compte pur leurs règlements à l'égard des pays tiers.

Les dépôts seront constamment maintenus au minimum à 20 % des réserves globales de chaque État membre en or et en monnaies convertibles, y compris les dépôts auprès du Fonds lui-même. Ce pourcentage pourra être relevé quand ces réserves d'un État dépasseront une proportion à définir de ses importations globales.

Un tel système, qui équivaut à effectuer la totalité des règlements des États membres en compte convertible, conserve à chacun d'entre eux la disponibilité de ses réserves tout en permettant de faire servir les ressources européennes à la couverture des besoins européens.

Le Fonds maintiendra une partie de ses avoirs sous forme d'or et de monnaies convertibles extérieures pour assurer les règlements avec le reste du monde. le reste pourra être utilisé par inscription au crédit du compte des États membres, à des prêts et placements renforçant leurs moyens d'assurer la stabilité de leur économie et de leur monnaie. Le Fonds aura la liberté d'octroyer ces prêts aux banques centrales ou directement aux gouvernements, qui s'engageront à ne pas demander le relèvement des avances des banques centrales sans avoir préalablement sollicité un concours du Fonds. Il pourra prêter à la Banque européenne d'investissements habilités à ouvrir un compte dans ses livres. Tous les prêts et placements seront assortis des mêmes garanties de change et de convertibilité que le Fonds assure à ses déposants.

Des réunions périodiques des ministres des Finances et des gouvernements des banques centrales avec l'organe directeur du Fonds seront consacrées à une confrontation des politiques budgétaires et de crédit, permettant de mettre en lumière les divergences menaçantes et de dégager une politique commune. Les conditions d'octroi des prêts, et les règles fixant le niveau des dépôts, donneront une prise effective sur les politiques qui, conduisant à des positions débitrices ou créancières excessives, risqueraient de provoquer des déséquilibres dangereux ou de faire obstacle à l'expansion d'ensemble de la Communauté. Ainsi serait assurée de manière concrète et effective la coordination des politiques économiques et monétaires prévue par le traité de Rome comme une condition essentielle du fonctionnement du Marché commun.

Le Fonds sera habilité à recevoir des dépôts des pays tiers qui désireraient tenir une partie de leurs réserves sous cette forme. Il pourra accroître ses ressources, réduire ses engagements à l'égard d'un État membre, ou faciliter le rapatriement des capitaux, en émettant des emprunts libellés en unités de compte et qui, suivant la situation à laquelle ils répondent, auraient à être souscrits en or, en monnaies convertibles extérieures, ou en monnaie d'un des États membres. Le service de ces emprunts, comme la rémunération des déposants, sera assuré par le produit de prêts et placements. Il sera garanti contre tout défaut des débiteurs du fonds par le passage de tous les règlements entre États membres à travers leurs comptes auprès du Fonds. Accessoirement les États membres donneront leur garantie solidaire en proportion des dépôts obligatoires.

Ainsi sera amorcée une méthode d'emprunt susceptible de reconstituer un vaste marché des capitaux, et d'établir le financement des industries européennes sur des bases comparables, sans que la concurrence soit faussée entre elles par une inégalité dans le risque de change ou par une dévaluation de leurs dettes. Tel est à la fois le sens et la condition de la libération des mouvements de capitaux prévue par le traité de Rome.

Le rétablissement de la convertibilité entre États membres de la Communauté modifiera le fonctionnement actuel de l'Union européenne de paiements. Les dettes et créances passées, et les règlements nouveaux donnant lieu à crédits au sein de l'Union, seront portés à des comptes spéciaux, soumis aux règles de l'Union, dans les écritures du Fonds. Le Fonds assurera le maintien des droits et obligations de ses membres dans l'Union en fonction de la position nette globale de la Communauté dans son ensemble à l'égard des autres membres de l'Union. La Communauté se réserve de proposer aux autres membres de l'Union de hâter le rétablissement de la convertibilité, suivant l'objectif de l'accord monétaire européen. L'extension à tous les membres de l'Union d'un système analogue à celui qui est ici proposé à l'intérieur de la Communauté apparaît comme une des conditions d'un fonctionnement satisfaisant d'une zone européenne de libre-échange.

Les progrès accomplis dans une région du monde aussi importante, et qui se trouverait ainsi élargie, permettraient d'étendre graduellement, au moins sur une base de fait, la convertibilité des paiements dans les relations avec les pays tiers, sous l'égide du Fonds monétaire international.

Les gouvernements [...] proposent aux pays signataires des traités de Rome d'engager immédiatement des négociations en vue d'atteindre les objectifs et de mettre en œuvre les procédures énoncées dans ce mémorandum, afin d'apporter aussitôt que possible la contribution du Fonds au bon fonctionnement des institutions prévues par les traités de Rome et au développement financier de l'Europe.

ANNEXE 5

Mémorandum sur la création d'un Fonds européen de réserve

Moins de deux mois plus tard, Robert Triffin remet l'ouvrage sur le métier, n'hésitant plus à se montrer plus explicite encore.

RT/cmr. 21.XII.1957

Mémorandum sur la création d'un Fonds européen de réserve

I.

1. La mise en place et le fonctionnement du marché commun peuvent être immensément facilités, accélérés et consolidés par l'adoption d'un système rationnel de paiements entre pays membres, consacrant et appuyant la co-ordination de leurs politiques économiques prévue au traité de Rome et parallèlement aux dispositions de celui-ci en matière commerciale. L'élimination progressive et définitive des restrictions aux échanges suppose en effet que d'autres moyens seront mis en œuvre pour financer les déséquilibres temporaires et résorber les déséquilibres durables de la balance des paiements d'un pays. Les suggestions qui suivent visent essentiellement à expliciter et renforcer les dispositions déjà inscrites au traité concernant la réalisation pratique de ces deux conditions indispensables au succès du marché commun.

2. Le fonctionnement d'une zone européenne de libre-échange soulève des problèmes similaires, qui doivent être discutés prochainement, dans le cadre de l'OECE et réclament certains ajustements fondamentaux de l'accord sur l'Union européenne des paiements et de l'accord monétaire européen prévu pour le remplacer lors du passage de la quasi-convertibilité de fait qui caractérise aujourd'hui la plupart des monnaies européennes à une convertibilité plus complète et de droit. Le système suggéré ci-dessous dans le cadre du marché commun pourrait servir de base à cette révision et faciliter grandement tant la négociation d'une convention européenne de libre-échange entre tous les pays membres de l'OECE que les progrès envisagés par eux vers la convertibilité générale de leurs monnaies.

3. Il est cependant probable que l'évolution ultime de la Communauté européenne s'acheminera, en matière monétaire comme dans d'autres domaines, vers une intégration beaucoup plus complète que celle envisagée entre les pays de la zone européenne de libre-échange.

Les mécanismes décrits ci-dessous s'adapteraient parfaitement à une telle évolution, sans l'imposer cependant à tous les pays participants. Il serait prématuré d'envisager à ce stade la nature précise de développements ultérieurs dont le caractère et l'échéancier ne pourront être déterminés qu'à la lumière de l'expérience acquise et en liaison étroite avec les progrès de l'intégration économique et politique entre pays de la Communauté.

II.

4. Le système actuel de règlements de l'Union européenne des paiements serait remplacé, au sein de la Communauté européenne, par l'institution d'une convertibilité totale et *de jure* de tous règlements entre les six pays membres.

5. Cette convertibilité serait assurée et affermie par la création d'un Fonds européen de réserve dont la première fonction serait de centraliser tous les paiements entre banques centrales des pays membre. Chaque banque centrale maintiendrait un compte courant auprès de ce Fonds et les paiements mentionnés ci-dessus s'effectueraient uniformément et exclusivement par virement sur ces comptes. Les comptes maintenus auprès du Fonds européen de réserve seraient totalement convertibles et pourraient donc être utilisés également pour effectuer des paiements à tout pays tiers.

6. Ces comptes seraient alimentés par versements au Fonds de tous soldes en monnaie d'autres pays membres acquis par la banque centrale de l'un d'entre eux ou virés à son compte, ou par versements d'or, de monnaies convertibles de pays tiers ou d'autres monnaies spécifiées par le Fonds en raison des possibilités d'utilisation s'offrant à lui.

7. Chaque banque centrale maintiendra auprès du Fonds un dépôt minimum équivalent au moins à 20 % de ses réserves d'or et de change. Cette proportion pourra être augmentée ou diminuée ultérieurement par le comité de direction du Fonds.

8. Les ressources correspondant à ces dépôts seront conservées ou investies en or, devises tierces convertibles ou devises des pays membres. Les investissements en devises de pays membres se feront par l'intermédiaire des banques centrales intéressées sous forme d'avances, précomptes ou achats de valeurs à court ou moyen terme, jouissant d'une garantie totale contre tous risques de change et d'inconvertibilité ultérieure de la monnaie en cause.

9. La garantie de change mentionnée au paragraphe 8 ci-dessus s'exprimera en termes d'une unité de compte européenne, définie de manière à lui assurer une stabilité égale à celle de la plus stable des monnaies participantes (le dollar pouvant être adjoint à celles-ci comme

monnaie additionnelle de référence pendant une période initiale de transition). Les comptes maintenus auprès du Fonds seront libellés en cette même unité et jouiront des mêmes garanties[2].

10. Il importe de noter que l'obligation acceptée par tous les pays membres de canaliser à travers le Fonds tous paiements dus à l'un quelconque d'entre eux (voir paragraphe 5) constituera pour le Fonds et ses déposants une garantie additionnelle contre tout risque de défaut de la part de ses débiteurs.

11. Les investissements mentionnés au paragraphe 8 seront normalement effectués à l'initiative du comité de direction du Fonds, en accord avec les autorités monétaires du pays sur le marché duquel les fonds doivent être investis. Ils pourront également être effectués, en application de l'article 108 du traité de Rome sur requête d'un pays membre aux fins d'appuyer les mesures de redressement et de stabilisation monétaires adoptées par ce pays et approuvées par le Fonds, sur rapport du Comité monétaire prévu à l'article 105 du traité[3].

12. La coordination permanente des politiques monétaire et économique des pays membres, prévue au traité de Rome comme condition essentielle au bon fonctionnement du marché commun sera assurée de manière concrète et effective par des réunions périodiques des ministres des Finances et des gouverneurs des banques centrales avec le comité de direction du Fonds. Ces réunions seront consacrées à une confrontation des politiques budgétaires et de crédit des pays membres, permettant de mettre en lumière toutes divergences de nature à menacer l'équilibre de leur économie et à effectuer les réconciliations et ajustements nécessaires à l'expansion d'ensemble de la Communauté.

13. Le Fonds pourra accepter des dépôts de banques centrales de pays non membres qui souhaiteraient maintenir sous cette forme une partie de leurs réserves et faire usage des facilités de virements entre banques centrales établies par le Fonds.

14. Le Fonds pourra donner sa garantie aux emprunts de stabilisation émis, en Europe ou à l'étranger, par les pays membres. Il pourra également émettre lui-même de tels emprunts au cas où un renforcement de ses réserves et moyens d'intervention apparaîtrait désirable. Au cas inverse où ses réserves dépasseraient largement les besoins prévisibles,

---

2 Les pertes ou profits de change éventuels résultant d'investissements en monnaies tierces et pour lesquels une garantie équivalente n'aurait pu être négociée seront distribués en proportion de leurs dépôts entre tous les pays membres, à l'exception de ceux qui auraient indiqué leur désir de ne point participer à ces opérations et aux risques y afférents.

3 Il serait peut-être préférable de confier au Comité monétaire lui-même les fonctions assignées dans ce mémorandum au comité de direction du Fonds.

il pourra investir une portion prudente des excédents auprès de la Banque européenne d'investissement.

Toutes ces opérations jouiront des garanties mentionnées aux paragraphes 8 et 10 ci-dessus. Ainsi pourrait être amorcée une reprise du marché européen de capitaux sur des bases inspirant aux épargnants une confiance justifiée.

15. La généralisation progressive de l'usage de l'unité de compte dans les opérations de capitaux, en dehors même de toute intervention du Fonds, serait susceptible de lever les obstacles artificiels que quarante ans d'instabilité monétaire ont apporté aux marchés des capitaux tant internes qu'externes, à faciliter et à accélérer la libération des mouvements de capitaux prévue au traité de Rome, et à rétablir ainsi sur des bases saines le recours à ces marchés pour le financement des investissements indispensables à l'expansion économique dans les pays de la Communauté.

III.

16. La mise en œuvre des suggestions ci-dessus devrait conduire à une révision, mais non à un éclatement, du cadre institutionnel fourni aux paiements européens par l'Union européenne de paiements et qui a contribué si puissamment aux progrès effectués depuis 1950 dans la voie de la libération des échanges et de la convertibilité des monnaies en Europe.

17. Dans l'attente d'une telle révision, les pays membres de la Communauté maintiendraient les droits et obligations découlant de l'accord sur l'Union européenne de paiements en ce qui concerne leurs relations avec les autres pays de l'Union. Leurs créances et dettes vis-à-vis de l'Union seraient cependant fusionnées en une position nette globale de la Communauté dans son ensemble à l'égard des autres membres de l'Union. Les dettes et créances existantes au moment de la création du Fonds, et les modifications ultérieures de ces dettes et créances résultant des relations entre chacun des pays de la Communauté et les pays de l'Union non-membres de la Communauté seront portés dans les écritures du Fonds à un compte spécial des pays de la Communauté – distinct des comptes convertibles mentionnés au paragraphe 5 – et soumis aux règles de l'Union concernant leur utilisation, amortissement et liquidation.

18. Dans les négociations relatives à la révision de l'accord sur l'Union européenne de paiements, les pays de la Communauté proposeront à leurs partenaires l'adoption par tous les membres de l'Union d'un système aussi proche que possible de celui adopté par les pays de la Communauté dans leurs relations réciproques. Une telle révision de l'Union européenne de paiements aiderait grandement au

fonctionnement satisfaisant d'une zone européenne de libre-échange et serait de nature à faciliter considérablement les négociations relatives à sa création.

Le rétablissement d'une convertibilité effective, sur une base contractuelle, non seulement au sein de la Communauté mais dans le cadre plus vaste de l'Union européenne de paiements serait certes de nature à accélérer et consolider le progrès déjà réalisé vers la libération des échanges et la convertibilité de fait des pays européens dans leurs relations avec le reste du monde, sous l'égard du GATT et du Fonds monétaire international.

IV.

19. Les gouvernements de... proposent aux pays membres de la Communauté économique européenne de procéder immédiatement à un ample échange de vue sur les suggestions énoncées dans ce mémorandum, et de préparerer les négociations relatives à la création d'un Fonds européen de réserve destiné à mettre en œuvre et renforcer les dispositions du traité de Rome relatives à la politique monétaire, financière et de balance de paiements des pays de la Communauté.

Annexe 6

Coopération économique, financière et monétaire dans la Communauté économique européenne

En novembre 1958, Robert Marjolin, vice-président de la Commission de la Communauté économique européenne, remet à ses collègues un mémorandum intitulé « Coopération économique, financière et monétaire dans la Communauté économique européenne ». Le principal objectif de la note en question est encore le Fonds européen de réserve. Présentée à la réunion de la Commission du 12 novembre, elle est discutée lors de celle du 20.

Bruxelles, le 7 novembre 1958.

Secret

Remis à

Exempl. n°

Communauté économique européenne

Commission

Direction générale des Affaires économique et financières

COM (58) 249

Coopération économique, financière et monétaire dans la Communauté économique européenne

(présenté par M. Marjolin)

1. Le présent mémorandum a pour objet d'analyser les raisons pour lesquelles il y a lieu d'organiser la coopération économique, financière et monétaire entre les pays de la Communauté, et d'étudier les moyens qui pourraient être utilisés à cette fin. En effet, si le traité de Rome a établi les grands principes de cette coopération, certaines de ses dispositions essentielles doivent le plus rapidement possible être précisées et complétées, ou assorties de règles concernant leur application, faute de quoi la réalisation du marché commun rencontrerait de graves difficultés.

Les objectifs du traité de Rome

2. Le traité de Rome est l'accord économique international le plus audacieux que l'histoire ait jamais connu, puisqu'il vise à fondre en une seule, six économies déjà largement développées, ayant un passé immémorial et marquées par des attitudes et des habitudes différentes. Dans une dizaine d'années, marchandises, hommes et capitaux pourront circuler librement à l'intérieur de la Communauté ; des règles de concurrence communes aux pays membres auront été mises en œuvre ; il ne sera plus permis à aucun des six gouvernements d'utiliser les restrictions à l'importation, le contrôle des changes ou les subventions pour compenser les effets d'une politique économique nationale qui ne serait pas compatible avec l'équilibre général de la Communauté ; un tarif douanier commun vis-à-vis du monde extérieur et une politique commerciale commune auront été institués ; l'action des six États dans un domaine aussi vital que l'agriculture aura été unifiée ; d'immenses territoires au-delà des mers seront étroitement associés à la Communauté, qui aura contribué à accélérer leur développement en y consacrant des ressources importantes.

3. La Communauté devra d'autre part s'efforcer de promouvoir l'accroissement de la productivité et le relèvement du niveau de vie, ainsi qu'un rythme d'expansion supérieur à celui que les pays membres pourraient atteindre séparément ; l'ensemble que constituera la Communauté pourra ainsi contribuer puissamment à l'expansion économique et à la stabilité au delà de ses frontières. L'attitude qui sera adoptée envers le marché commun, tant dans les pays membres qu'à l'extérieur, sera d'autant plus favorable que la réussite sur ce double plan sera plus complète.

Nécessité d'apporter des compléments au traité

4. La réalisation de ces objectifs ambitieux exige que des précisions et des compléments soient apportés à certaines dispositions du traité. Ceux-ci devront tout d'abord permettre d'assurer, entre les pays membres, la mise en œuvre d'une politique économique commune, susceptible de prévenir l'apparition de divergences trop marquées dans les mouvements des prix et de remploi, qui pourraient provoquer des difficultés de balances des paiements et le recours à des clauses de sauvegarde compromettant la réalisation ou le bon fonctionnement du marché commun. En outre, il est nécessaire de réunir les conditions propres à assurer la stabilité des rapports entre les parités des monnaies de pays membres, stabilité indispensable à la bonne exécution de certaines prescriptions du traité, notamment pour ce qui concerne l'application des règles de concurrence uniformes, l'élaboration d'une

politique commune en matière de prix agricoles, et la libre circulation des capitaux. Mais il ne s'agit pas seulement de supprimer entre les pays membres les divergences dans les mouvements de prix et d'emploi, il faut également réunir les moyens susceptibles de promouvoir une expansion rapide en assurant la stabilité des prix.

5. Dans chaque pays membre, ces objectifs doivent être poursuivis avec des moyens qui n'ont plus la même diversité qu'auparavant. Il n'est plus possible, en effet, de faire appel aux restrictions quantitatives, aux restrictions de change, à une politique autonome des taux de change, aux subventions et autres mesures faussant le jeu de la concurrence. En général, les États membres ne disposent plus de moyens d'action spécifiques, ou, s'ils peuvent encore y faire appel, c'est dans une mesure considérablement plus restreinte qu'auparavant, et l'équilibre devra être recherché principalement dans le recours à une politique monétaire et financière d'ensemble, qui, ainsi que le montre l'expérience passée, ne produit les ajustements voulus qu'avec un décalage plus ou moins long. Lorsque les pertes de devises ou d'or d'un pays membre apparaîtront trop fortes au cours de la période qui s'écoulera entre la mise en œuvre d'une telle politique et le moment où ses effets se feront sentir sur la balance des paiements, il y aura peut-être lieu de lui octroyer des crédits en devises, afin d'éviter un recours de sa part à la clause de sauvegarde. Des crédits de ce genre pourraient également être nécessaires dans l'hypothèse où des phénomènes externes imprévus provoqueraient des perturbations d'une amplitude inégale dans les pays du marché commun afin de permettre à ceux qui seraient le plus durement touchés d'opérer les ajustements indispensables, en évitant de porter atteinte au rythme de leur expansion ainsi qu'à la stabilité de leur niveau d'emploi et de prix.

6. La politique économique et conjoncturelle commune qui, pour toutes ces raisons, doit être mise en œuvre entre les pays membres exige une solidarité financière susceptible de jouer en faveur de ceux d'entre eux qui se trouveront en difficulté alors qu'ils suivent, ou seraient disposés à suivre, des voies conformes aux objectifs de la Communauté. L'une et l'autre demandent que soient instaurées, au sein de la CEE, une discipline plus stricte que dans le cadre d'autres organisations internationales ; cette discipline doit être à la mesure des objectifs de la Communauté, plus ambitieux que ceux qui pourraient être fixés ailleurs, par exemple dans la zone de libre-échange, particulièrement dans les domaines de la politique économique extérieure, des règles de concurrence et de la politique agricole.

7. Or, entre les prescriptions détaillées du traité concernant la politique commerciale et les grandes orientations de principe, qui, seules, font l'objet des articles relatifs à la coordination de la politique écono-

mique et conjoncturelle, il existe un déséquilibre évident. En effet, si les obligations relatives à l'équilibre de la balance des paiements, au maintien d'un niveau élevé d'emploi dans la stabilité des prix, à la coordination des politiques de conjoncture et des taux de change sont inscrites dans le traité, les moyens ou les procédures susceptibles d'en assurer l'exécution ne sont pas clairement articulés. Il en résulte que chaque pays pourra, par exemple, suivre une politique de crédit ou trop libérale ou trop rigoureuse, fixer à son gré le volume des dépenses publiques, favoriser ou entraver les investissements, chaque gouvernement restant seul juge du degré de coordination nécessaire à la réalisation des objectifs du traité. De même, le traité a prévu le concours mutuel pour éviter le recours aux clauses de sauvegarde, et dans quelles circonstances jouera ce concours ? Quel pourra être le montant ? Dans quel cas sera-t-il considéré comme suffisant ? D'où viendront les ressources qui permettront de l'accorder ? Autant de questions parmi beaucoup d'autres qui restent sans réponse.

Principes d'organisation de la coopération

8. Il apparaît donc que, pour pouvoir être efficacement mise en œuvre, la coopération économique, financière et monétaire devra être organisée.

Cette organisation devra comporter, non pas occasionnellement et pour tel ou tel pays en difficulté, mais de façon régulière et afin de réaliser une coordination de l'ensemble, un examen des grandes questions de la vie économmique et financière des pays membres, qu'il s'agisse du volume global des dépenses publiques, du déficit budgétaire, des mesures déterminant la politique du crédit, du niveau des investissements ou de la fixation des taux de change. Cet examen devra être entrepris de telle façon que la Communauté puisse se concerter avant que les circonstances n'imposent des décisions aux gouvernements intéressés. Il serait souhaitable, au moins dans un premier stade, que les examens dont il s'agit conduisent les institutions de la Communauté à émettre des avis auxquels les gouvernements pourraient facultativement donner suite.

9. Ces avis pourraient cependant revêtir un intérêt accru, si la Communauté pouvait disposer d'une masse de ressources préalablement constituée ou destinée à faciliter la mise en œuvre de la solidarité financière en apportant l'assurance que les montants nécessaires à une action de concours mutuel sur le plan financier sont d'ores et déjà réunis. Les pays membres pourraient compter sur ce concours dans toute la mesure où ils suivraient une politique économique et financière raisonnable et se conformeraient soit à des normes arrêtées à l'avance,

soit aux recommandations des organes de la Communauté élaborées en fonction de cas particuliers qui surgiraient au fur et à mesure de l'application du traité.

Si une politique d'expansion et de relèvement du niveau de vie doit être poursuivie dans l'ensemble de la Communauté, il est nécessaire que cette solidarité financière s'exerce non après coup pour surmonter des crises plus ou moins graves, mais qu'elle constitue, de façon permanente, un moyen de promouvoir et de développer la coordination des politiques économiques.

Les considérations qui précèdent conduisent à l'idée de créer entre les membres de la Communauté, un Fonds européen de réserves conçu de telle sorte que son financement ne constitue pas une charge pour les pays membres, et que son fonctionnement soit suffisamment souple pour que les contributions des États membres restent disponibles pour les paiements qu'ils auraient à effectuer tant à l'intérieur qu'à l'extérieur du marché commun.

Le fonctionnement du Fonds européen de réserves

10. Tous les règlements entre les banques centrales des pays membres et, en outre, tous les règlements entre les pays membres et l'Union européenne des paiements, s'opéreraient par le jeu des comptes ouverts auprès du Fonds. Ces comptes pourraient par ailleurs, selon les règles de fonctionnement du Fonds, être utilisés pour les règlements dans les relations avec le reste du monde. Les avoirs portés à ces comptes bénéficieraient, selon les règles envisagées, d'une garantie de libre utilisation pour toutes ces opérations ainsi que d'une garantie de change et d'intérêts. Ils devraient être constitués et nourris par des dépôts en or, dollars, ou autres devises acceptées par le Fonds et devraient être constamment maintenus, par chaque pays membre, à un niveau correspondant au minimum de 10 % de ses réserves. Vu les garanties prescrites, ces dépôts seraient assimilables à des réserves liquides et, étant donné les avantages dont ils sont assortis, les États seraient incités à les élever au-dessus du minimum convenu. Le Fonds serait en outre habilité à recevoir des dépôts de pays tiers qui désireraient garder une partie de leurs ressources sous cette forme.

En tenant compte du chiffre de 10 % mentionné ci-dessus, le Fonds disposerait de ressources importantes qui seraient de l'ordre d'un milliard de dollars, et dont la stabilité serait plus grande que celle des réserves des pays membres individuellement. En effet, d'une part le montant de ces ressources ne serait pas affecté par des positions déficitaires ou excédentaires des États membres entre eux, et d'autre part les variations de la balance globale de la Communauté envers les pays tiers ne se répercuteraient sur les avoirs du Fonds qu'à concurrence de 10 % des fluctuations nettes des réserves en devises de l'ensemble.

Une partie des ressources du Fonds devrait être conservée liquide en vue des règlements avec le reste du monde, ainsi que pour des raisons tenant à l'observation des normes habituelles en matière de liquidité. Mais, même si la plus grande prudence dans les engagements du Fonds était observée, celui-ci pourrait disposer à tout moment de montants dont la valeur équivaudrait à plusieurs centaines de milliers de dollars en vue de l'octroi de crédits permettant, soit d'aider dans une mesure efficace un État membre qui éprouverait des difficultés sérieuses dans sa balance des paiements globale, soit de favoriser une politique d'expansion.

Les opérations faites par le Fonds pourraient prendre la forme d'arrangements *stand-by* ou de crédits *ad hoc*, ou encore celle de placements suivant les méthodes courantes. Dans toute la mesure nécessaire, le Fonds demanderait à ses emprunteurs les mêmes garanties qu'il offre lui-même à ses déposants.

On remarquera l'analogie du système proposé avec celui d'une banque où des déposants ont la libre disposition de leurs avoirs dont la masse reste cependant disponible pour accorder des crédits.

Pour ce qui concerne la comptabilité du Fonds et pour l'expression monétaire des garanties dont seraient assortis les dépôts et les crédits, la méthode la plus simple serait de recourir à une unité de compte, qui pourrait être définie de telle façon qu'elle reste aussi stable que la plus stable des monnaies des pays membres.

Cette méthode de comptabilisation des avoirs et des crédits pourra servir de modèle aux relations financières entre prêteurs et emprunteurs privés et facilitera le développement d'un ample marché financier européen, lié à la libération des mouvements de capitaux qui est prévue par le traité.

Le Fonds pourra fonctionner en liaison avec l'Union européenne des paiements ou tout système de paiements nouveau qui pourrait être créé pour en prendre la suite, mais il mettrait les paiements entre les États membres à l'abri des incidences de toutes interruptions ou modifications d'un système international plus large.

11. Dans toute la mesure où un accord de ce genre conduirait les pays membres à se montrer plus rigoureux dans leur gestion économique et financière, il rendrait également plus facile le fonctionnement des institutions monétaires européennes et mondiales. Les déficits et surplus dans l'Union européenne des paiements seraient réduits et le recours aux ressources du Fonds monétaire international deviendrait

moins fréquent et moins important. Le mouvement vers la convertibilité universelle des monnaies serait accéléré.

On trouvera en annexe une description des principaux aspects techniques du système proposé.

Annexe

L'objet de la présente annexe est de décrire, dans ses grandes lignes, le fonctionnement technique d'un Fonds européen de réserves (FER). Il s'agit de savoir comment celui-ci pourrait être constitué ; comment il affecterait les relations de paiements des pays de la CEE entre eux et avec leurs partenaires de l'UEP ; comment il devrait être géré et administré, et quels seraient les avantages qu'il procurerait sur le plan de la coopération entre les pays membres.

I. Constitution du Fonds européen de réserves

Il existe plusieurs façons de constituer un fonds de réserves. Une première méthode consiste à fixer les souscriptions, en valeur absolue, en fonction de certains critères tels que le revenu national ou le volume du commerce extérieur, les versements étant exigés soit dès le départ, soit au moment où le Fonds a besoin de certaines ressources. Si les souscriptions ne doivent être appelées qu'en cas de besoin on peut, selon une deuxième méthode, se limiter, au départ, à fixer les critères d'après lesquels seraient calculés, au moment voulu, les montants des souscriptions. Enfin, on peut faire appel à la méthode décrite dans le paragraphe 10 ci-dessus, qui permet de déterminer la participation d'un pays membre en fonction d'un certain pourcentage des réserves dont il dispose à tout moment, toutes fluctuations dans celles-ci entraînant une variation proportionnelle de cette participation.

Un Fonds établi suivant l'une des deux premières méthodes n'aurait pas la souplesse souhaitable. En effet, même si les contributions étaient calculées à la date de mobilisation des ressources recherchées, la situation d'un ou plusieurs pays pourrait changer pendant la durée de l'utilisation de ces ressources, et les contributions étant fixées à une date donnée, il pourrait en résulter pour certains pays un surcroît de charges ou d'avantages injustifié.

On est donc conduit à envisager un système dans lequel les dépôts constitués auprès du Fonds varient en fonction des fluctuations des réserves des pays membres. Ces dépôts correspondraient pour chaque pays à un pourcentage de ses réserves qui pourrait être de 10 %, toute diminution de celles-ci réduisant la valeur absolue du dépôt. Puisque aucune limite inférieure ne serait fixée, chaque pays pourrait disposer de la totalité de ses réserves comme avant l'institution du Fonds envisagé. On peut donc conclure que la méthode retenue ici permettrait à chaque pays de contribuer au Fonds commun sans que sa participation n'entraîne pour lui une charge ; les avoirs déposés au Fonds pourraient, au contraire, plus légitimement que les crédits consentis à l'UEP, être considérés comme partie intégrante des réserves.

II. Fonctionnement du Fonds de réserves

1. Opérations courantes entre pays membres dans leurs monnaies

Lorsque la banque centrale d'un pays membre voudrait acquérir de la banque centrale d'un autre pays membre de la CEE des montants dans la monnaie de ce pays, elle le ferait par l'intermédiaire du FER. Ces montants seraient portés au débit du compte de l'institut acheteur et au crédit du compte de l'institut vendeur.

Cette règle aurait notamment pour effet d'éliminer, dans les relations entre États membres, les pratiques suivant lesquelles une banque centrale constitue et maintient auprès d'une autre banque centrale des avoirs libellés dans la monnaie du pays partenaire. Ces pratiques peuvent créer des situations malsaines. En effet, l'ensemble des relations débitrices et créditrices ainsi constitué peut masquer la situation réelle en matière de liquidités internationales et, ainsi que l'expérience des années 1920 l'a montré, constituer un facteur d'instabilité, un fléchissement de la monnaie d'un pays pouvant conduire les banques centrales des autres pays à réduire leurs avoirs dans cette monnaie de façon brusque et massive. Dans le cas où la dette d'une banque centrale aurait atteint un montant important, certaines pressions d'ordre politique et économique pourraient être exercées sur le pays débiteur. Ces risques doivent de toute évidence être éliminés dans les relations entre pays membres de la CEE.

2. Opérations courantes et règlements entre pays de la CEE et les autres pays de l'UEP

Les opérations courantes entre les banques centrales des pays de la CEE et des autres pays de l'UEP – y compris l'octroi et l'utilisation du financement intérimaire – continueraient à s'effectuer conformément aux dispositions de l'accord UEP ou, éventuellement, de l'accord monétaire européen. À partir de l'institution du Fonds européen de réserves, les opérations de compensation au sein de l'UEP, en ce qui concerne les pays membres de la CEE, se feraient de la façon suivante :

(i) les excédents et déficits de chaque pays membre de la CEE envers les autres membres de l'UEP seraient totalisés de façon à faire apparaître un seul excédent ou déficit de l'ensemble des pays membres de la CEE envers chacun des autres partenaires de l'UEP ;

(ii) seuls les excédents et déficits de l'ensemble des pays membres, dénommés excédents ou déficits FER, seraient portés à la compensation automatique ;

(iii) le solde net du FER envers l'Union serait réglé conformément aux prescriptions de l'UEP.

3. Comptabilisation des transactions dans le cadre du FER

Le compte courant d'un pays de la Communauté auprès du Fonds enregistrerait les opérations suivantes :

- *à l'actif :*

(i) les montants en monnaie de ce pays, qui auraient été acquis par d'autres pays de la CEE ;

(ii) les excédents de ce pays envers les pays de l'UEP n'appartenant pas à la Communauté ;

(iii) les versements, par ce pays, en or, dollars ou autres devises agréées par le FER ;

- *au passif :*

(i) les montants utilisés par ce pays en vue de l'achat de devises d'autres pays de la CEE ;

(ii) les déficits de ce pays envers les pays de l'UEP n'appartenant pas à la Communauté ;

(iii) les retraits d'or, dollars ou autres devises agréées opérés par ce pays.

Le compte décrit ci-dessus ferait l'objet d'un règlement quotidien qui, en principe, devrait faire apparaître, pour chaque pays membre, un solde positif au moins égal à l'avoir minimum que ce pays doit maintenir auprès du Fonds. Si le solde ainsi dégagé était inférieur à cet avoir, il devrait être reconstitué, dans des délais que l'on pourrait préciser à un stade ultérieur de l'élaboration de ce projet, par des versements en or, dollars ou autres devises agréées. Les excédents seraient librement disponibles.

Afin de permettre que les opérations comptables relatives au fonctionnement du FER puissent être effectuées de manière satisfaisante, on traduirait leurs montants en une unité de compte FER, dont la définition par rapport à l'or prendrait pour modèle l'unité de compte UEP.

Dans le passé, la position de l'ensemble des pays de la Communauté vis-à-vis de l'UEP a été généralement excédentaire. Dans la mesure où cet excédent se maintiendrait, le système proposé – combiné avec le crédit automatique de l'UEP – aurait pour effet de remplacer les crédits accordés à l'Union par tel ou tel pays excédentaire de la Communauté par un crédit unique octroyé par le FER. Le problème de la répartition, entre les pays membres, de la charge afférente au financement de ce crédit se pose donc ; il faut notamment éviter que les pays de la Communauté qui, en l'absence du FER, pourraient bénéficier de crédits automatiques de l'UEP, aient à supporter une partie de cette charge, soit en y contribuant directement, soit en en subissant les incidences sur les liquidités et les possibilités de crédits du FER.

Ce problème peut être résolu en considérant que les crédits accordés par le Fonds à l'UEP sont consentis indirectement par les pays de la CEE qui ont enregistré un excédent cumulatif vis-à-vis de l'UEP (y compris les pays de la CEE). Il faudrait donc prévoir la constitution d'avoirs de ces pays auprès du FER qui seraient comptabilisés dans des « comptes spéciaux UEP », dont le montant serait proportionnel à leurs excédents.

Les règles envisagées pour le Fonds européen de réserves, abstraction faite des comptes spéciaux UEP, aboutiraient en fait à des règlements en or, dollars, ou devises agréées de la totalité des excédents ou déficits nets de chaque pays vis-à-vis de l'ensemble de la zone UEP (pays de la CEE compris). La suppression des bénéfices des crédits automatiques serait cependant compensée, pour les pays déficitaires, par les avantages que leur apporterait le FER en matière de facilités de crédits, décrites dans le paragraphe suivant. Pour les pays excédentaires, le règlement à 100 % or, dollars, ou devises agréées par le FER constitue un avantage. Il y a lieu de remarquer que la charge du financement des crédits du Fonds à l'UEP serait pour les pays excédentaires inférieure à celle des crédits automatiques qu'ils devraient accorder directement à l'UEP en l'absence du FER en raison de la compensation entre excédents et déficits des pays membres de la CEE envers le reste de l'UEP. Ces constatations permettent de conclure que, pour l'ensemble des pays de la Communauté, la suppression interne des crédits automatiques constituerait un avantage net.

4. Facilités accordées par le FER aux pays de la Communauté

(i) Le Fonds de réserves pourrait accorder aux pays membres *des facilités automatiques à court terme* en permettant que le solde des comptes d'un pays membre puisse tomber, entre deux dates successives de fixation des avoirs minima, en-dessous du minimum qu'il doit conserver en dépôt. Cette faculté s'exercerait dans les limites d'un certain pourcentage des avoirs minima identique pour tous les pays membres, ou d'une marge fixée suivant d'autres méthodes, ces facilités seraient déterminées par une **décision générale** des autorités compétentes de la Communauté.

(ii) Par ailleurs, par **décision spéciale** de ces autorités, les pays éprouvant des difficultés de balance de paiements pourraient bénéficier de facilités à court terme dans les limites d'une marge supplémentaire. Ces facilités spéciales pourraient également prendre la forme d'un sursis à l'obligation de reconstitution des avoirs minima, s'étendant au besoin sur plusieurs périodes comptables. Les facilités décrites ci-dessus auraient, pour les pays de la Communauté, un effet identique à celui du financement intérimaire de l'UEP ; sans doute ne comporteraient-elles pas d'octroi net de crédit du FER, puisque le compte-courant de chaque pays devrait toujours être créditeur, mais elles constitueraient une charge pour le Fonds, étant donné qu'elles en diminueraient les liquidités, et les possibilités de crédit.

(iii) Les concours du FER pourraient, en troisième lieu, prendre soit la forme d'un engagement unilatéral, aux termes duquel le FER se déclarerait prêt, *d'une manière générale*, à consentir des crédits *stand-by* dans certaines circonstances, soit celle de la conclusion d'accords particuliers de crédits *stand-by*. **Dans le premier cas**, le FER s'engagerait, si certaines conditions étaient réunies, à mettre ses ressources à la disposition de ses membres, pour une période, dans des limites et selon des termes qu'il définirait. Les conditions mentionnées ci-dessus pourraient viser l'amenuisement des réserves d'un pays membre dans des propositions convenues, et par conséquent la diminution de son avoir minimum au-dessous d'une certaine limite, alors que ce pays poursuivrait la politique économique et financière préconisée par les organes compétents de la Communauté. **Dans le deuxième cas**, le FER, sur la demande d'un pays membre, pourrait conclure avec lui un accord de crédit *stand-by* fixant les conditions particulières dont serait assorti le concours du Fonds, ces conditions pourraient avoir trait, notamment, à l'observation de recommandations spécifiques concernant la politique économique et financière du pays emprunteur. Les deux formes de concours décrites ci-dessus conserveraient leur utilité, même si les crédits dont il a été question n'étaient pas utilisés ; en effet, ainsi que le montre l'expérience du Fonds monétaire international, l'existence d'une seconde ligne de réserves en devises incite les pays en difficulté à renoncer à l'application de restrictions commerciales et à surmonter leurs difficultés de balance des paiements par une politique monétaire et financière de nature à rétablir l'équilibre politique dont les effets sont parfois assez lents.

(iiii) Le FER pourrait enfin accorder des **crédits *ad hoc***, qui, en toute probabilité, seraient effectivement utilisés par les pays bénéficiaires dans des délais assez brefs et dont le remboursement pourrait s'échelonner sur une période assez longue. En règle générale, de tels crédits seraient accordés en cas de difficultés effectivement rencontrées par un pays et devraient être aussi assortis d'obligations précises concernant la politique économique du pays emprunteur.

L'ampleur des engagements consentis par le FER suivant les différentes modalités indiquées ci-dessus serait évidemment fonction des liquidités dont le Fonds pourrait disposer à tout moment. Les crédits utilisés par les pays membres constituent des créances du Fonds ; les obligations générales d'un pays membre en matière de dépôts auprès du FER ne se trouvent pas modifiées par l'utilisation d'un crédit.

III. Administration du Fonds de réserves

L'administration du Fonds de réserves serait confiée à un comité de direction qui serait chargé en particulier :

- de fixer à intervalles réguliers le montant des avoirs minima ;
- de veiller à ce que les opérations courantes du Fonds se fassent conformément aux règles prescrites ;
- de se prononcer sur la recevabilité des dépôts faits par des pays tiers ;
- de déterminer le montant des avoirs à constituer dans les « comptes spéciaux UEP » ;
- de veiller à ce que les ressources du Fonds soient couramment investies de façon profitable et judicieuse ;
- de déterminer, en accord avec la Commission, l'étendue des facilités automatiques qu'il convient de fixer pour les pays membres en général, et, le cas échéant, dans des cas particuliers ;
- de surveiller de façon constante les liquidités du Fonds et de décider si leur état permet l'octroi de crédits dans le cadre du concours mutuel ; de conseiller la Commission et le Conseil des ministres quant à l'opportunité d'octroyer des crédits.

Le comité de direction devrait se composer de représentants des cinq zones monétaires qui seraient également membres du Comité monétaire prévu à l'article 105 du traité, et d'un membre de la Commission.

Les conditions dans lesquelles un concours *stand-by* serait accordé, ainsi que celles relatives à l'octroi de crédits *ad hoc*, seraient fixées par le Conseil des ministres, sur proposition de la Commission, qui devrait tenir compte de l'avis du comité de direction du FER et du Comité monétaire.

IV. Le Fonds de réserves et le développement de la coopération entre les pays membres

La mise en œuvre du Fonds de réserves, suivant les méthodes qui ont été décrites plus haut, contribuerait de manière efficace à la réalisation des objectifs énoncés dans le présent mémorandum.

Tout d'abord, sur le plan de la politique économique, la mise en commun partielle des réserves des pays membres mettrait à leur disposition un puissant moyen de développement et de coordination économiques. En effet, elle permettrait à la Communauté de réaliser une économie dans l'utilisation des liquidités internationales et elle tendrait à élargir les possibilités d'action de la Communauté en matière de politique de conjoncture et d'expansion économique.

Mais, afin de tirer le meilleur parti de cette situation, il conviendrait d'assurer la mise en œuvre d'une coordination des politiques économiques et financières sur des bases aussi saines que possible. À cet effet, il serait nécessaire que l'on établisse des critères permettant d'apprécier la politique économique et financière de chaque pays membre dans le cadre d'une politique équilibrée pour l'ensemble de la CEE. De même, l'octroi de crédits du FER devant être associé à la coordination des politiques économiques, il conviendrait que l'on élabore une procédure ayant pour objet d'établir dans quelle mesure les pays de la CEE observent les recommandations des organes compétents de la Communauté et s'ils remplissent les conditions dont dépendrait, le cas échéant, leur droit à bénéficier des concours prévus.

Les règles envisagées ci-dessus pour le fonctionnement du Fonds de réserves auraient également des prolongements d'un intérêt considérable dans d'autres domaines. Elles permettraient par exemple de combler une lacune du traité en ce qui concerne l'application du principe de la libre transférabilité réciproque des monnaies des États membres de la CEE. Celle-ci est une condition essentielle et absolument nécessaire au fonctionnement efficace du marché commun. Elle est prévue par le traité (art. 106) mais celui-ci ne précise pas comment elle devrait être assurée. On a apparemment présumé que des règles de la nature de celles qui existent actuellement dans le cadre de l'UEP demeureraient en vigueur, et le traité, selon les termes de l'article 106 paragraphe 4, envisage qu'« en cas de besoin, les États membres se consultent sur les mesures à prendre pour permettre la réalisation des paiements et transferts visés... ». Or, « les mesures » envisagées dans ce texte seraient réalisées dès l'entrée en vigueur d'un Fonds de réserves, dont les règles de comptabilité prévoieraient l'établissement d'une unité de compte FER par rapport à laquelle la monnaie de chaque pays membre pourrait être définie.

En cas de besoin, l'institution de l'unité de compte FER pourrait permettre aux pays de la Communauté de modifier conjointement la valeur de celle-ci par rapport à l'or. En ce qui concerne ces modifications et dans l'éventualité que des monnaies des pays de la CEE [varieraient entre elles] dans des proportions différentes, il serait recommandé d'appliquer des dispositions analogues à celles prévues dans le cadre de l'UEP, par l'unité de compte commune aux pays de la CEE ne pouvant être sujette à une dévaluation plus importante que celle subie par la monnaie la moins dévaluée. Les créances exprimées en unité de compte commun ne bénéficieraient donc en principe d'une garantie monétaire par rapport à la monnaie la plus stable de la Communauté. L'unité de compte envisagée permettrait ainsi – même pendant la période transitoire – de favoriser les mouvements de marchandises, des capitaux et des personnes, parce qu'elle offrirait, pour tous les contrats, une base de référence solide et qu'elle éliminerait ainsi le risque monétaire susceptible de constituer un frein aux échanges de toutes sortes à l'intérieur de la Communauté.

Annexe 7

Création d'un Fonds européen de réserve

Non sans une ténacité exemplaire, Robert Triffin revient à la charge dans une note du 9 juillet 1960.

Création d'un Fonds européen de réserve

La Communauté ne pourrait que prendre l'initiative des conversations et négociations visant à une telle réforme sur le plan mondial, mais quelle que soit l'issue de ces négociations, elle pourrait mettre elle-même en vigueur un système fort semblable en ce qui concerne l'organisation monétaire des six pays eux-mêmes en un *Fonds européen de réserve.*

La création d'un tel Fonds serait de toute façon désirable afin de simplifier et de décentraliser les énormes responsabilités administratives qu'hériterait le Fonds monétaire international [...] mais surtout aux fin de doter la Communauté de l'instrument financier nécessaire pour faire face efficacement aux problèmes discutés dans le corps de cette étude, c'est-à-dire :

a) d'assurer elle-même, dans toute la mesure souhaitable, le financement du concours mutuel entre ses membres ;

b) de lui permettre d'assumer vis-à-vis du Fonds monétaire international les droits et les obligations correspondant à la participation jointe des six pays à cet organisme, ainsi qu'il apparaît souhaitable à long terme ;

c) de faciliter le financement des excédents de balance de paiements de la Communauté vis-à-vis des pays tiers sous une forme autre que l'accumulation – invivable à long terme – d'or et dollars, tout en conservant un caractère liquide aux comptes nationaux de dépôts auprès du Fonds européen.

La contribution que le Fonds européen serait susceptible d'apporter à la solution de ce dernier problème repose sur l'observation suivante : les réserves monétaires de chaque pays membre sont exposées à des fluctuations beaucoup plus grandes que celles des six pays pris dans leur ensemble. Or, les possibilités – et d'ailleurs la désirabilité – d'investissements extérieurs dépassant le très court terme dépendent précisément du degré de stabilité de ses réserves. Dans la mesure où la baisse des réserves d'un pays de la Communauté est compensée par la hausse des réserves d'autres pays participants, les ressources à la disposition du

Fonds resteraient inchangées. Ceci donnerait donc au Fonds une liberté d'action beaucoup plus grande que celle dont peuvent jouir ses membres pris isolément.

La même observation explique la contribution importante que pourrait apporter un Fonds européen au maintien de l'ordre monétaire international, bien qu'il ne puisse prétendre résoudre à lui seul les problèmes mondiaux soulevés par la question des liquidités monétaires et de leur dépendance de la stabilité du sterling et du dollar. Les réserves en devises des pays de la Communauté représentent 25 % des réserves mondiales de devises, leurs avoirs dollars 27 % des balances dollar mondiales et leurs réserves-or 43 % des réserves mondiales détenues par les pays autres que les États-Unis. Un Fonds monétaire européen constituerait un instrument idéal pour la coordination de la politique des six pays en ce qui concerne leurs acquisitions de devises et le soutien qu'ils peuvent apporter par là à la stabilité des monnaies-clefs, et particulièrement du dollar dans la conjoncture actuelle. Il permettrait de déterminer sur une base rationnelle et équitable la contribution des six pays à une telle politique, de négocier plus efficacement les garanties de change et autres conditions auxquelles elle pourrait être subordonnée, et d'organiser la gestion de ces avoirs dans l'intérêt de la politique commune de la Communauté vis-à-vis du monde extérieur.

Entrée des États-Unis dans l'AME

À plus court terme, une action plus modeste, mais cependant fort utile, pourrait prendre forme à l'occasion de l'entrée des États-Unis dans l'OECD. On ne prévoit pas pour le moment la participation des États-Unis à l'accord monétaire européen. Une telle participation pourrait cependant apporter une contribution importante, bien qu'incomplète et provisoire, au problème du dollar discuté plus haut. L'opinion officielle aux États-Unis semble s'orienter vers la concession d'une garantie or (sous une forme rappelant l'accord tripartite de 1936) aux avoirs dollar des banques centrales. Les principales objections que soulèverait une telle mesure seraient la consécration officielle qu'elle semblerait donner aux inquiétudes actuelles quant à un risque de dévaluation du dollar et le stimulant qu'elle pourrait apporter en conséquence à la liquidation des avoirs dollars détenus par les particuliers. On préférerait, pour cette raison, donner cette garantie sous une forme internationale, c'est-à-dire par une garantie générale et réciproque des avoirs devises détenus par les banques centrales, sans en limiter la portée au dollar seul.

Telle fut d'ailleurs la technique adoptée en 1955 par l'Angleterre pour donner, à travers l'AME, une garantie dollar aux avoirs sterling détenus par les banques centrales. Si les États-Unis entraient dans l'AME, ils ne pourraient évidemment pas garantir par rapport au dollar lui-même les avoirs dollar des banques centrales. La logique conduirait alors à substituer aux garanties dollar de l'AME actuel une garantie or de tous les soldes en devises – mais pratiquement en fait des balances sterling et dollar – détenus par les banques centrales. Une telle garantie faciliterait le maintien par les banques centrales de leurs avoirs actuels en devises, et même le maintien de leurs opérations courantes de soutien du dollar sur le marché des changes, dans la mesure nécessaire pour éviter une crise dont les répercussions pourraient être désastreuses pour le monde, pour l'Europe et pour la Communauté.

Robert Triffin, 9 juillet 1960.

ANNEXE 8

Lettre de Frédéric Boyer de la Giroday à Robert Triffin

Le plan Triffin ne suscite guère l'enthousiasme au sein de la Commission CEE. La lettre que lui écrit F. Boyer de la Giroday le 19 décembre 1960 est particulièrement intéressante à cet égard.

Communauté économique européenne
Commission
Direction générale des Affaires économiques et financières
I I-6/FBGghv/19.XII

Bruxelles, le 19 décembre 1960,

Mon cher Robert,

À un rythme correspondant plus à celui de l'escargot qu'à celui de l'hirondelle, les diverses instances de la Communauté se penchent sur les problèmes monétaires internationaux actuels.

J'ai eu beau faire mon possible pour nourrir les représentants de la Commission susceptibles de prendre la parole ou de présenter des écrits à ce sujet, j'éprouve les plus grandes difficultés à les persuader d'aller de l'avant. La tactique, surtout vis-à-vis du Comité monétaire, semble être de la part de mes autorités de le laisser petit à petit réinventer le plan Triffin, ou tout au moins les idées qui sont à la base du plan Triffin et dont la principale est sans doute que tout ne va pas pour le mieux dans le meilleur des mondes dans le domaine des relations internationales de paiement.

Tout cela prend évidemment beaucoup de temps.

Nous avions préparé tout un dossier pour la réunion des ministres des Finances qui devait avoir lieu à la mi-décembre, mais cette réunion a été renvoyée, du fait de la maladie de M. Etzel, et elle n'aura lieu qu'à la mi-janvier. D'ici-là il conviendra de revoir le dossier. Le président du Comité monétaire ira de son côté devant les ministres des Finances avec les résultats de deux discussions de ce comité sur ces questions, et dont l'une a déjà eu lieu et l'autre n'aura lieu que vers le 10 janvier.

Il est vraisemblable que le président du Comité monétaire demandera aux ministres de lui donner un feu vert en vue de l'examen du système monétaire international actuel et des problèmes qu'il pourrait présenter. On se gardera sans doute de mentionner le nom de certains esprits révolutionnaires dont il convient de se méfier parce qu'ils ont découvert tous les aspects du problème des mois, si ce n'est des années, avant les prudents escargots. Par conséquent il est douteux que le nom du professeur Triffin soit mentionné mais, de toute évidence, il est impossible d'évoquer ces questions aujourd'hui si on ne puise pas dans les idées et les écrits dudit professeur. Son dernier livre sur la question circule d'ailleurs sous le manteau, un peu comme un roman pornographique.

Ci-joint, je t'envoie, à titre personnel évidemment, deux de mes derniers écrits sur la question. Le premier a été rédigé en vue d'introduire une discussion d'ensemble sur les « mécanismes de garantie de change dans les relations monétaires internationales », au sein des suppléants du Comité monétaire. Ceux-ci ont trouvé l'écrit beaucoup trop audacieux, plus exactement « trop avancé » et ont décidé de le remplacer par un rapport purement descriptif des différentes clauses de garantie prévues dans divers traités internationaux. Ce dernier rapport a été examiné par le Comité monétaire qui n'en a pas été enchanté et qui a décidé de revoir tout le problème au cours de sa prochaine réunion (10 janvier).

En vue de cette prochaine réunion j'ai rédigé une petite note dont la substance doit beaucoup à une idée émise par le même « cher professeur », mais auquel les tabous bien connus m'ont empêché de faire allusion. Personne ici n'ose présenter de note officiellement au Comité monétaire et je l'ai envoyée à titre personnel à deux suppléants, en espérant que par ce truchement la note en question servira à alimenter la prochaine réunion du Comité monétaire.

J'ai vu dans les journaux que tu avais récemment fait une déclaration devant un comité du Congrès. Je n'en ai vu que des résumés et il me serait extrêmement agréable de pouvoir recevoir le texte intégral de cette déclaration de même que celui de la discussion qui a dû la suivre.

On vient d'apprendre ici la nomination de Dillon au poste de secrétaire au Trésor. Les « Européens » en ont été enchantés. Tandis que du côté OECE (où je me trouvais la semaine dernière), on a reçu la nouvelle avec quelque chose ressemblant à de la consternation.

Si tu avais quelques renseignements concernant les perspectives des nominations intéressant les conseillers économiques du Président et certains autres postes du Trésor, je serais heureux de les apprendre.

Il va de soi que cette lettre t'est adressée à titre tout à fait personnel. Elle a été écrite dans l'espoir qu'elle puisse servir indirectement à t'éclairer sur les avis que tu pourrais émettre dans ta correspondance avec les maîtres de cette maison.

Mille choses amicales à toi et à ta famille et meilleurs vœux de Noël et de Nouvel An.

Cordialement.

F. Boyer de la Giroday

ANNEXE 9

Une monnaie parallèle européenne comme refuge contre l'instabilité des taux de change

Ligue européenne de coopération économique (LECE)
European League for Economic Co-Operation (ELEC)
Association internationale à but scientifique
(Loi belge du 25 octobre 1919)

1060 Bruxelles, le 12 mai 1978
Avenue de la Toison d'Or 1

DOCUMENT N° 2819

Une monnaie parallèle européenne comme refuge contre l'instabilité des taux de change

I. Introduction

La Ligue européenne de coopération économique croit le moment venu de formuler une proposition concrète visant à relancer l'union économique et monétaire sans laquelle l'expansion et le relèvement du niveau de vie que la Communauté s'est assigné comme objectifs, ne pourront être réalisés.

Cette proposition qui appuie l'initiative récente prise par la Commission et par son président, Mr. Roy Jenkins, a l'avantage de pouvoir être mise en œuvre immédiatement.

Elle a été conçue par le professeur Robert Triffin, Yale and Louvain-la-Neuve Universities, et a été longuement étudiée et discutée par les experts monétaires de la LECE, puis approuvée pleinement par son Comité exécutif.

La LECE a été guidée par les considérations suivantes :

1. La Communauté économique européenne (CEE) devrait pouvoir participer d'une manière plus effective et plus constructive aux politiques et aux réformes tendant à restaurer un ordre économique et monétaire international viable. Cet ordre économique et monétaire, aujourd'hui malmené, est indispensable pour combattre l'inflation, la récession et les déséquilibres des balances de paiement à travers le monde. Mais la CEE ne pourra jouer son rôle tant qu'elle n'aura pas réussi à rétablir l'ordre parmi ses propres membres.

2. Il lui faudra vraisemblablement du temps pour y arriver. Même à l'intérieur de la Communauté, la réalisation d'une union économique et monétaire exigera, comme l'a souligné Mr. Roy Jenkins, un « saut » politique et institutionnel, saut dont les implications devront être clairement perçues et acceptées par les gouvernements et l'opinion publique des États membres. Cela ne se fera pas du jour au lendemain. D'autant plus que toute promesse ou programme à long terme se heurtera – en raison des désillusions passées – à un scepticisme profond, si elle n'est accompagnée, ou même précédée, par l'adoption de mesures concrètes susceptibles de réalisation immédiate.

3. Parmi les mesures susceptibles d'être mises en action immédiatement, une attention toute particulière devrait être portée à quelques idées maîtresses, qui pourraient engendrer – selon les termes du président Werner – un état de « pré-union » et :

a) frapper l'opinion publique, balayer le scepticisme et le pessimisme qui nous paralysent aujourd'hui ;

b) assurer les fonctions transnationales et rencontrer les besoins opérationnels, ce que le dollar et le mark allemand ne peuvent plus faire de façon satisfaisante ;

c) déclencher par elles-mêmes un nouveau démarrage vers le but final, c'est-à-dire vers l'union monétaire.

4. La LECE propose que cet état de « pré-union » commence par l'adoption d'une zone européenne des paiements ancrée sur une monnaie parallèle européenne.

Une monnaie « parallèle » européenne

L'adoption d'une monnaie « parallèle » européenne ne constituerait qu'un premier pas modeste vers le but final d'union monétaire. Ce serait cependant une contribution importante et d'une urgente nécessité pour faire face au chaos des marchés des changes auquel nous sommes confrontés.

L'expression monnaie « parallèle » indique clairement qu'il ne faut pas s'attendre qu'elle remplace dans un proche avenir les monnaies nationales, ni par conséquent qu'elle restaure une stabilité des taux de change encore prématurée et impossible à atteindre, même entre les monnaies de la Communauté. Elle aurait uniquement pour but de constituer une alternative attrayante aux monnaies parallèles déjà largement utilisées dans les contrats internationaux et qui, pour des raisons évidentes, ne peuvent être libellés simultanément dans les monnaies nationales respectives des parties contractantes. Les monnaies les plus inusitées actuellement en Europe, comme monnaies parallèles, sont le dollar et le mark. Cependant, les fluctuations considérables de ces monnaies l'une vis-à-vis de l'autre, et par rapport aux autres monnaies de la Communauté, les rendent de moins en moins aptes à servir de point de référence plus stable, ce qui est pourtant la principale qualité d'une monnaie parallèle. Le dollar est devenu de moins en moins attrayant pour les prêteurs – plus particulièrement pour ceux des pays à monnaie forte, dont les investissements à l'étranger seraient hautement souhaitables et auraient un rôle stabilisateur – ; en effet, il s'est déprécié vis-à-vis du mark de près de 41 % après mai 1970, de 34 % depuis le début du flottement généralisé des monnaies en mars 1973, de 10 % rien qu'en 1977. Inversement, la forte appréciation du mark envers toutes les autres monnaies – à l'exception du franc suisse – le rend peu attrayant pour les emprunteurs. Les risques de change inhérents à l'emploi des deux monnaies parallèles les plus usitées ne peuvent être compensés par des différences de taux d'intérêt, même si elles pouvaient être prévues correctement par les prêteurs et les emprunteurs, ce qui n'est évidemment pas le cas. La livre, par exemple, s'est dépréciée de près de 25 % vis-à-vis du mark entre septembre 1975 et septembre 1976, alors que la différence des taux d'intérêt à court terme ou sur les obligations d'État à douze ans était à l'époque, entre la Grande-Bretagne et l'Allemagne, d'environ 6 %.

Le cours du change d'une monnaie parallèle européenne proprement définie serait moins instable, ses fluctuations restant plus modérées, tant vis-à-vis des monnaies nationales des États membres que vis-à-vis d'autres monnaies.

II. Quelle monnaie parallèle ?

1. Définition

L'Union européenne de paiements a fonctionné extrêmement bien pendant plus de huit ans, avec une unité de compte définie de façon à la rendre en fait identique à la monnaie de l'État membre la plus stable.

À l'initiative de Fernand Collin et de la Kredietbank – Luxembourg, différents syndicats d'émission ont utilisé des définitions similaires pour l'émission d'euro-obligations qui, au cours des années, ont représenté un montant global de près de deux milliards de dollar.

L'effondrement du système de Bretton Woods a cependant privé le marché des changes d'un dénominateur commun ou numéraire au regard duquel il est possible de mesurer sans équivoque la stabilité. Une fluctuation des taux de change entre deux monnaies peut être interprétée indifféremment comme une appréciation de la première ou une dépréciation de la seconde. Nous sommes passés du monde de Newton au monde de la relativité générale d'Einstein, dans lequel ni l'or ni aucune monnaie nationale ne peut plus être admis comme centre de gravité du système.

Pour les pays de la Communauté européenne, le dénominateur commun le plus logique serait une moyenne pondérée calculée sur les monnaies des pays membres, puisque c'est avec eux que chacun réalise la proportion de loin la plus importante de ses transactions, qu'il s'agisse de commerce, de services ou de transactions en capitaux. Une telle définition a en fait déjà été adoptée par la Communauté, après des études et des négociations longues et minutieuses. C'est ce qu'on appelle l'unité de compte européenne (UCE), dans laquelle un nombre croissant d'opérations est actuellement conduit, et dans laquelle des comptes en banque ont été ouverts par des banques commerciales dans huit des neuf pays de la Communauté. Le cours de l'UCE vis-à-vis des pays membres et vis-à-vis de dix monnaies étrangères les plus importantes (le dollar, le franc suisse, le yen, etc.) est calculé et publié journellement par la Communauté, et peut être facilement calculé par l'utilisateur s'il suit la procédure indiquée.

L'UCE est indubitablement la formule qui pourrait le plus facilement et le plus rapidement recueillir l'adhésion générale, pour cette monnaie parallèle européenne, dont le besoin se fait tellement sentir. Parce que conçue comme une moyenne pondérée de toutes les monnaies de la Communauté, elle est moins instable que l'une quelconque d'entre elles prise individuellement ou qu'aucune monnaie extérieure, par exemple le dollar. Un certain nombre de formules plus sophistiquées ont été proposées, soit des paniers plus forts, soit des paniers indexés sur les taux d'inflation, mais aucune d'entre elles n'est aussi facile à manier par le secteur privé que l'UCE, aucune ne jouit comme elle du soutien d'une institution officielle.

2. Son nom : l'Europa

De l'avis de la LECE, il faut un nom nouveau, moins abstrait et moins ésotérique que « unité de compte européenne », si l'on veut populariser la nouvelle unité. La LECE voudrait proposer le nom « Europa » pour deux raisons. La première est que ce serait un symbole séduisant en raison du but ultime à atteindre : l'union européenne. La seconde, plus pragmatique et plus terre-à-terre, est qu'il dispenserait d'une traduction dans les différentes langues de la Communauté et du globe[4].

---

4 Ce nom écarterait aussi le risque de confusion avec d'autres unités de compte européennes, comme celle de la Kredietbank, couramment utilisée pour des émissions internationales d'obligations.

III. Actions concrètes et immédiates en direction de la monnaie parallèle européenne, l'Europa

A. En dépit du scepticisme qui prévalait avant le Conseil européen de Copenhague des 7 et 8 avril dernier quant aux initiatives officielles qui pourraient être prises, il était à penser que les banques commerciales, comme d'autre intermédiaires financiers, auraient à cœur d'aider leurs clients, confrontés à la situation de plus en plus désordonnée du marché des changes ; cela en leur proposant l'Europa pour remplacer les monnaies parallèles nationales en usage, non seulement pour l'émission d'euro-obligations, mais encore pour l'ouverture de comptes en banques et de prêts bancaires. Le volume de ces opérations en euromonnaies s'est considérablement accru au cours des dernières années. Le montant total des nouvelles émissions d'euro-obligations a augmenté de plus de huit fois : il est passé de 2,1 milliards de dollars en 1974 à 17,5 milliards de dollars en 1977, dont deux tiers environ libellés en dollars, et un quart en DM[5]. Le montant des créances envers des non-résidents des banques de huit pays européens qui rendent des comptes à la Banque des règlements internationaux, s'élevait en septembre dernier à 383 milliards de dollars, dont 14 % seulement étaient libellés dans la monnaie nationale des banques créditrices, et 86 % en monnaies étrangères ; parmi elles, 72,5 % étaient libellées en dollars, et seulement 27,5 % dans les huit monnaies européennes des banques en question (16 % en DM, 5,6 % en francs suisses, et 5,8 % tout ensemble en francs français, francs belges, florins, livres sterling, lires italiennes et couronnes suédoises).

La relative stabilité de l'Europa constitue bien sûr son principal atout, mais il faut aussi naturellement qu'il soit doté d'un taux d'intérêt compétitif. Actuellement [le taux des] dépôts en Europa à 6 mois, calculé sur la base d'une moyenne pondérée des taux d'intérêts des monnaies utilisées, est d'environ 7,9 % (au 4 mai). Ce taux se compare favorablement aux taux d'intérêt des dépôts en dollars à 6 mois, qui est de 6,9 %. Le tableau 4[6] contient des chiffres illustrant les mérites relatifs de contrats en différentes monnaies et en Europa ; il tient compte de la différence des taux d'intérêt.

B. Décisions officielles

1. Une telle initiative du secteur privé tirera avantage de l'existence d'un Europa officiellement reconnu. Elle sera aussi considérablement aidée si les autorités communautaires et les États membres font

---

5 *World Financial Markets*, Morgan Guaranty Trust of New York, décembre 1977, p. 13.

6 Le tableau n'est pas joint.

clairement savoir que l'on pourra utiliser les comptes en Europa aussi facilement que les comptes en monnaies étrangères (ou en euromonnaies) ; l'impulsion donnée sera plus grande encore si la Communauté et les États membres encouragent l'usage de comptes en Europa, en conférant à une institution communautaire centrale (le FECOM ?) un rôle de « banque centrale » pour ces comptes en Europa, qui pourraient dès lors être assujettis à des coefficients de réserve appropriés.

2. La mise en œuvre immédiate et intégrale de la décision du Conseil européen de libeller en Europa toutes les recettes et dépenses du budget de la Communauté, constituerait un autre adjuvant puissant au développement rapide d'un marché en Europa, de même que la décision – allant plus loin encore – d'ouvrir des comptes courants dans les banques des pays membres, libellés en Europa plutôt qu'en monnaies nationales. Semblable utilisation de l'Europa entraînerait à elle seule un roulement annuel de fonds de l'ordre de deux milliards d'Europa (environ 15 milliards de dollars).

3. Les gouvernements nationaux et les autorités locales pourraient tirer de la dénomination de leurs emprunts en Europa plutôt qu'en monnaies nationales, par exemple le dollar (moins attrayant aujourd'hui pour nombre de prêteurs) et le mark allemand et le franc suisse (moins séduisants pour la plupart des emprunteurs). Cette remarque vaut notamment pour le « Nouvel instrument d'emprunts et de prêts communautaires » dont le principe a été éprouvé au Conseil européen des 5 et 6 décembre 1977.

4. Dès qu'un marché privé suffisant aura ainsi été créé pour lui, l'Europa devrait aussi être utilisé pour les interventions des banques centrales et les opérations de soutien monétaire sur le marché des changes, l'Europa étant un instrument d'intervention plus adéquat qu'un dollar fluctuant. N'est-il pas ridicule que les opérations d'intervention en monnaies communautaires, assorties de surcroît d'une clause de garantie de cours de change, soient appelées « opérations de crédit » et « remboursées » pour la plus grande partie en lettres crédit sur les États-Unis, libellées donc en une monnaie inconvertible, flottante et non garantie ? Il est grand temps que les banques centrales révisent une terminologie qui a pu être adéquate dans le temps, mais qui est certainement absurde et trompeuse aujourd'hui.

5. Les créances en Europa des banques centrales ou du FECOM qui proviendraient de ces opérations devraient aussi être rendues négociables sur le marché pour éponger en cas de besoin les liquidités excessives et pour déclencher des opérations d'open market, essentielles au progrès sur la voie de l'union monétaire.

6. Une monnaie européenne parallèle, dûment définie et garantie, serait appelée à devenir sinon le mode principal, à tout le moins un instrument alternatif d'intervention et de compensation des opérations de change entre les pays de la Communauté : elle devrait même jouer un rôle croissant comme instrument de règlement et de paiement entre la Communauté et d'autres pays, y compris les pays de l'OPEP.

7. Cette monnaie parallèle fournirait également un dénominateur commun logique pour les taux de change des pays membres, et une base de référence pour leurs réajustements, qui seraient encore nécessaires à moyen terme, ainsi que pour leur stabilisation que l'on espère voir se réaliser à plus long terme. Les échanges de biens, de services et de capitaux entre pays membres sont probablement aujourd'hui de dix fois supérieurs à leurs transactions avec les États-Unis et atteignent plusieurs fois le montant de leurs transactions avec d'autres pays, dont la monnaie est, de façon précaire, liée au dollar.

Une unité européenne constituerait, dans la pratique journalière, un centre de gravité beaucoup plus logique que le dollar pour la définition des taux de change des pays membres. En fait, le dollar continue à être, aux yeux de l'homme de la rue, le seul dénominateur commun par rapport auquel les monnaies européennes sont cotées sur le marché.

IV. Transition vers l'union monétaire

Il faut admettre que la création d'une monnaie parallèle européenne et d'un espace monétaire européen ne supprimeraient pas les obstacles principaux à la réalisation complète de l'union monétaire et à la fusion effective des monnaies nationales en une monnaie commune unique pour la Communauté.

À moyen terme, ce but ambitieux pourra être plus aisément atteint au fur et à mesure que les pays membres apprendront par expérience qu'une politique inflationniste constitue un remède toujours plus éphémère au chômage, et qu'une dépréciation de la monnaie ne peut compenser à la longue les effets d'une politique inflationniste prolongée. Au fur et à mesure que s'évanouissent les illusions en matière monétaire, la thèse keynésienne s'affaiblit de plus en plus ; selon cette thèse, les taux de salaires « réels » peuvent être rendus flexibles à la baisse par des dépréciations ou des dévaluations monétaires qui compenseraient la rigidité à la baisse des salaires « nominaux ». De nos jours, toute dépréciation est rapidement suivie de revendications salariales auxquelles il est difficile de résister.

Il ne convient cependant pas de s'attarder, dans cette proposition d'action immédiate, sur les multiples politiques et réformes institutionnelles qui sont les conditions préalables évidentes d'une union monétaire complète. Institutionnellement, celle-ci exigerait un engagement solidaire quant au maintien irrévocable de taux de change stables entre les pays de la Communauté. Cette stabilité devrait être « crédible » par des transferts effectifs de compétences des autorités nationales aux institutions communautaires, en ce qui concerne l'intervention sur le marché des changes et la fixation des taux de change, le financement au niveau des économies nationales des crédits bancaires par l'expansion monétaire (qu'il s'agisse de dépôts ou de billets). Un FECOM aux pouvoirs fortement élargis devrait en temps voulu devenir une sorte de système de réserve fédérale pour la Communauté, qui serait chargé de la gestion des réserves de change des pays membres (ce qu'il ne faut pas confondre avec leur « mise en commun »), ainsi que de l'émission et de la supervision de la monnaie européenne.

Ces réformes institutionnelles doivent encore être élaborées. Les divergences d'opinion à leur sujet restent grandes, tant dans les milieux académiques et les cercles d'affaires que parmi les responsables politiques et leurs conseillers. C'est seulement quand des progrès suffisants auront été accomplis pour rendre possible l'union monétaire, que l'Europa pourra devenir un instrument de transition plus réaliste que le plan Werner, sur la voie de la fusion définitive des monnaies nationales en une monnaie européenne unique. L'Europa aura alors existé depuis plusieurs années et sera dès lors connu du public, en raison de sa large utilisation pour des transactions actuellement encore conclues en euromonnaies. Au lieu de passer brusquement et simultanément dans les Neuf à l'Europa, il suffirait alors que les pays membres élargissent graduellement l'utilisation légale de l'Europa à des catégories toujours plus larges de transactions au niveau national, cela parallèlement aux progrès réalisés par chacun vers la stabilité de son taux de change par rapport à l'Europa. Le passage à l'Europa faciliterait et consoliderait cette stabilité, en la rendant plus digne de foi, ce qui susciterait des transactions en capital à pouvoir stabilisateur des pays en excédent vers les pays déficitaires. Ceci réduirait les déséquilibres temporaires, au lieu de les aggraver comme le feraient sinon des mouvements spéculatifs des pays déficitaires vers les pays en excédent.

V. Conclusion

Abstraction faite des vues personnelles de chacun quant à la désirabilité et à la possibilité de réaliser finalement l'union monétaire, la modeste proposition faite ici pour la création d'une monnaie parallèle européenne devrait être admise par tous comme une protection urgente et nécessaire contre les crises monétaires actuelles et contre celles qui sont à prévoir à l'avenir. Même les adversaires les plus sceptiques et les plus chauvins de l'union monétaire devraient être des partisans enthousiastes de l'Europa, moyen imparfait mais commode et immédiatement acceptable de protection contre les chocs répétés que provoque et aggrave l'utilisation persistante de monnaies nationales inconvertibles et fort instables que sont les monnaies parallèles actuelles, dans cet univers monétaire désordonné qu'a engendré l'écroulement du système de Bretton Woods.

S'il est vrai que pour mener à bien la proposition de la LECE, l'initiative privée gagnerait à être épaulée par les actions appropriées des autorités au plan national et international, il est vrai, à l'inverse, qu'en mettant en œuvre cette proposition, le secteur privé accroîtrait considérablement les chances de voir déboucher sur des accords concrets et immédiatement applicables le Conseil européen de Brême et le Sommet international de Bonn de juillet prochain.

En l'absence d'une action concrète et immédiate, ces assemblées pourraient une fois de plus – comme ce fut le cas à La Haye en décembre 1969 – déboucher sur des projets et des plans lointains auxquels l'opinion publique croirait de moins en moins. La LECE ne doit pas seulement donner des conseils aux milieux officiels sur ce qu'ils doivent faire ; elle doit surtout mettre en évidence ce à quoi le secteur privé est déterminé et ce qu'il est désireux de faire pour apporter, dans toute la mesure du possible, sa contribution pleine et entière aux progrès vers la réalisation d'objectifs communs aux responsables publics et au secteur privé.

(Original : Anglais).

ANNEXE 10

Note personnelle à Monsieur U. Mosca

Professeur R. TRIFFIN

Bruxelles, le 26 juillet 1978

Note personnelle à Monsieur U. MOSCA

Le « Système monétaire européen » envisagé à Brême devrait, au minimum, reprendre les dispositions essentielles de l'*Union européenne des paiements* dont la négociabilité et le succès furent amplement confirmés – en dépit du scepticisme initial et de circonstances bien plus alarmantes pour l'Europe – par l'expérience de huit années de ce premier accord monétaire européen. Je les citerai brièvement dans cette note urgente qui réclamerait certes de plus amples développements.

1. Rôle central d'une « unité de compte » européenne

Toutes les transactions de l'Union européenne des paiements (UEP) étaient libellées uniformément dans une « unité de compte » définissant la garantie de change attachée aux dettes et créances des pays membres.

Je proposai à l'époque que l'unité de compte soit définie comme équivalente à tout moment *à celle – ou celles – des monnaies participantes qui serait restée la plus stable*, c'est-à-dire aurait conservé sa parité initiale, ou – au cas où toutes auraient changé de parité – réévalué ou dévalué le moins. Cette proposition fut unanimement acceptée par le comité des paiements de l'OECE, mais traduite par les conseillers juridiques en une définition par rapport à l'or – numéraire universellement accepté à l'époque par le FMI – modifiable par décision unanime du Conseil de l'OECE, mais où aucun pays ne pourrait opposer un veto à une proposition de réévaluation ou dévaluation égale ou moindre à celle de sa propre monnaie depuis la mise en vigueur de l'Accord. Cette définition légale aurait toute chance d'être équivalente en fait à la définition économique sur laquelle le comité des paiements s'était mis d'accord[7].

Seize pays membres conservèrent en fait leur parité inchangée pendant les huit ans de fonctionnement de l'UEP, et aucune modifica-

---

[7] Voir à ce sujet mes commentaires à la p. 173 d'*Europe and the Money Muddle : From Bilateralism to Near-Convertibility, 1947-1956* (New Haven, Yale University Press, 1957).

tion ne fut jamais proposée pour la définition-or initiale de l'unité de compte.

Commentaire relatif à l'avenir : Il serait évidemment absurde de reprendre aujourd'hui une définition *légale* de l'ECU[8] en termes d'or (ou de dollar), mais il ne serait pas impensable de s'inspirer du but de la définition *économique* de l'unité de compte UEP, c'est-à-dire de l'identifier à celle – ou celles – des monnaies participantes qui conserverait ou modifierait le moins la parité initialement définie en termes de l'ECU. L'ECU lui-même ne nécessiterait aucune définition en termes d'or ou d'autre monnaie, pas plus que le dollar – et, en fait, sinon en droit, n'importe quelle autre monnaie – n'est défini en termes de référence autre que lui-même. Ceci aurait l'avantage par rapport à l'UCE-panier actuelle de ne pas la faire varier chaque fois qu'une monnaie varie et résoudrait, entre autres, les problèmes soulevés récemment quant à l'incidence de l'inclusion de nouvelles monnaies dans le panier, de sorties ultérieures de certains pays d'un « serpent » élargi, de la définition du « contenant » par le « contenu », etc.

En fait, cependant, une modification aussi radicale demanderait de longs mois – ou années – d'études et négociations, et soulèverait d'autres problèmes – solubles, je pense – mais qu'il est inutile d'aborder dans cette note. Restons-en à la définition panier actuelle, quitte à envisager certaines modifications qui pourraient s'avérer souhaitables et négociables à l'avenir.

2. Compensation multilatérale des excédents et déficits bilatéraux

Le Fonds monétaire européen proposé à Brême devrait permettre de compenser au maximum dans l'espace comme dans le temps, ainsi que le faisait l'UEP, les excédents et déficits bilatéraux des pays membres, réduisant ainsi considérablement les positions nettes réclamant un règlement cash ou des crédits.

Au cours des années 1950-1956, les compensations multilatérales de l'UEP suffirent à éponger 46 % des excédents et déficits bilatéraux, et les compensations dans le temps 30 %, réduisant à environ 25 % les réglements en or ou en dollars (16 %), les crédits nets UEP (6 %) et l'aide américaine (4 %)[9].

Il importe de noter qu'un volume croissant de compensations fut assuré par l'arbitrage privé du marché, plutôt que par l'UEP, après la réouverture légale de ces opérations en mai 1953 par les huit principaux pays et la libéralisation grandissante des marchés de capitaux par tous

---

[8] J'avais proposé moi-même en 1949 le terme « ECU », mais préférerais le terme « EUROPA » identique dans toutes les langues de la Communauté et du monde.

[9] *Idem*, p. 202.

les pays au cours des années suivantes. Les compensations officielles tombèrent de $ 6,4 milliards en 1951-52 à $ 2,5 milliards en 1955-1956, *mais liquidèrent encore 64 % des positions bilatérales reportées à l'UEP*, celles-ci déclinant, en raison de l'arbitrage privé, de $ 8,7 milliards en 1951-1952 à $ 3,9 milliards en 1955-1956[10]. Les positions reportées à l'UEP pour compensations, crédits ou règlements ne reflétaient plus – et ne refléteraient plus aujourd'hui – l'entièreté des positions bilatérales, mais dérivaient essentiellement des interventions des banques centrales sur le marché visant à empêcher des fluctuations de cours supérieures à 3/4 % ou 1 % par rapport aux parités officielles.

3. Crédits automatiques et conditionnels

Les dettes ou créances nettes accumulées par chaque pays étaient comptabilisées à la fin de chaque mois par des opérations combinant des règlements en or (pratiquement en dollars convertibles en or) et en crédits (« matching credits and settlements »). Pour les débiteurs nets, la proportion réglable en or augmentait graduellement de 0 % à 100 % pour chaque tranche (1/5) de son quota, tandis que pour le pays créancier, elle passait de 0 % pour la première tranche à 50 % pour chacune des tranches suivantes et devait être négociée au-delà de 100 % du quota[11]. En fait, les dépassements des quotas, tant pour débiteurs que pour créanciers, donnèrent lieu à des négociations fréquentes permettant de faire pression sur eux pour un réajustement de leurs déséquilibres autant que pour leur financement.

Les défaillances éventuelles d'un débiteur étaient couvertes par une garantie partageant les pertes entre tous les pays en proportion de leur quote-part, et par le capital assigné à l'UEP par les États-Unis, mais on ne dût jamais faire appel à ces garanties, et les « disponibilités » or et dollars de l'Union passèrent en fait de $ 350 millions au départ à $ 403,7 millions à l'issue des dernières opérations de l'UEP.

Commentaire : Pour éviter la liquidation de l'UEP lors du retour à la convertibilité, j'avais proposé qu'elle soit transformée en une Chambre européenne de compensations (Clearing House) auprès de laquelle chaque banque centrale maintiendrait ses réserves et où seraient crédités et débités ses règlements (achats ou ventes de devises pour interventions sur le marché). Le Fonds européen proposé à Brême irait certes dans cette direction. Les comptes de réserves (libellés en ECU) détenus auprès du Fonds devraient être aussi « liquides » que les comptes aujourd'hui détenus auprès des banques américaines ou en obligations

---

[10] *Idem*, p. 202, 212-218 et 330.

[11] Ces proportions furent remplacées par des règlements uniformes de 50 % or et 50 % crédits après juin 1954 et 75 % or et 25 % crédits après juillet 1975.

des États-Unis pour les règlements tant à l'extérieur qu'à l'intérieur de la Communauté. Ils permettraient au Fonds d'octroyer des crédits – partiellement automatiques, et partiellement conditionnels – aux pays en déficit, tant pour leurs règlements à l'extérieur qu'à l'intérieur de la Communauté. Le Fonds ne pourrait éviter les risques de change ou de défaillance d'un débiteur, mais ces risques devraient, comme dans l'UEP, être partagés équitablement entre pays membres.

4. Structure administrative

L'UEP fonctionnait sous l'autorité suprême du Conseil de l'OECE, lequel élisait chaque année un comité de direction (« Managing Board ») de sept membres seulement, votant à la majorité simple, mais dont les décisions importante ne devenaient exécutoires, ou ne pouvaient être modifiées, que par décision unanime du Conseil.

Les membres de ce comité furent en général des vice-gouverneurs de banques centrales, ou hauts fonctionnaires des ministères des Finances, suivant les pays. Le comité maintint au cours de ces huit années un prestige et une autorité rarement contestés.

Commentaire : Le Conseil européen jouerait sans doute demain le rôle de l'UEP, et un comité de direction calqué sur celui de l'UEP pourrait assumer la direction normale des opérations du Fonds européen proposé.

P.S. : je m'excuse de la hâte de cette note, et y joins copie d'un papier écrit en avril 1977 sur l'UEP[12].

---

[12] Ce document manque.

Annexe 11

The Evolution of the EMS towards the EMU and of the EMCF towards the EMF (1979)

by Robert Triffin

INTRODUCTION

1. The first months of life of the EMS have dispelled some, at least, of the fears about its viability and about its usefulness to non-member countries as well as to member countries.

2. It *cannot* stand still, however, and its future evolution towards its ultimate goals – or towards dismal failure – will depend on our ability – or inability – to expend its potential role as a factor of orderly growth in a world engulfed in a deep-seated inflationary process which appears more and more as one of the major causes of recession and unemployment rather than as a lasting cure for them.

3. Unpredictable political as well as economic events – within and outside the Community – on which we have little or no control will, undoubtedly, be the main determinants of what *must* and *can* be done in this regard, and *when*. We should, however, be ready to act as fast as possible to meet future challenges and to take advantage of future opportunities.

4. It is in that spirit that I shall try today to take a comprehensive view of the problems which we shall have to tackle on the long road that lies ahead of us, rather than of the immediate negotiating tasks that absorb mont of our time from day to day. I do not therefore suggest any new commitments, timetable or deadliness. Some of the measures that I might personally think most urgent may indeed prove, in fact, unnegotiable soon, or even unnecessary, while others that I would deem more distant may become feasible, and even crucial, at an earlier stage.

All I wish to do now, therefore, is to present a few personal rambling thoughts which, I hope, will stimulate your own criticism, responses, contributions, and alternative suggestions.

I. Insertion of EMS and ECU into world framework

1. The compelling logic of the Community as a regional trade and exchange area (short of full economic and monetary union) requires an

institutional framework less overwhelming dependent on the US dollar as a parallel world currency, triggering disparate reactions (by different member countries, and even by the same countries at different times) to recurrent dollar crises (see my June 14 remarks at the Société Générale, Paris).

2. The same logic applies to other countries in Europe, the Middle East and Africa whose trade and other relations are primarily with the Community and with each other. Some will accede as full members, others will seek various degrees of association, others still will remain outside, but switch their national policies and institutions in the light of the EMS progress.

3. Brief discussion of relations with OPEC and other less-developed countries, particularly in Africa.

4. Yet, for a variety of political and military as well as financial and economic reasons, relations with the US and the dollar ares will remain primordial and call for increasing, *two-way* cooperation, some of which should prompt institutional arrangements as well as day-to-day policy consultations.

5. The progress of regional cooperation – and integration – in Europe, and other parts of the world will entail basic reforms in the IMF, leading to a more decentralized structure reserving to IMF jurisdiction whatever agreements are desirable and feasible on a world scale, but relieving it of responsibilities which can be performed as, and more efficiently, on a regional scale and may go much further than is feasible, or necessary, on a world scale. Such a decentralized structure would be particularly valuable to make feasible whole-hearted cooperation by disaffected members (many less-developed countries) an by non-members.

6. Conclude this Section I by pointing out that it dictates some of the proposals for the evolution of the EMS outlined in Section II.

II. The evolution of the EMCF towards the EMF

1. The present structure of the EMCF has been inherited from a wide variety of previous decisions, dictated by a succession of past crises and opportunities, and not always systematically harmonized with one another. The Bremen resolution and outlook will require, for full implementation, an integration of these and additional steps, in the light of the long-run international goals of the Community and of the need to meet the problems arising from the collapse of Bretton Woods and the lesser acceptability of a fluctuating dollar as the *de facto* anchor of the member countries' system of monetary settlements.

2. Gold and dollar transfers

a) The three-month swap basis of the present 20 % transfers into ECU accounts should be consolidated, as soon as possible, particularly if we wish to encourage *fuller concertation of interventions in dollars* on the exchange market. This should dictate a sharing of exchange risks on the dollar holdings of the EMCF, since countries cannot be expected to run *individually* the risks entailed in *concerted* purchases or sales of dollars.

b) In longer run, this 20 % bench mark should be raised gradually up to 100 % if success encourages us to move towards full monetary union.

It should be fully understood that such transfers do not entail any loss of national ownership. *What will be « pooled » are not the reserves themselves, but their management.* France will not be able to draw checks on the German ECU account, nor vice-versa. All that is required is that member countries hold with a common institution, *jointly managed by them*, reserves now held very largely in US Treasury obligations and bank deposits on which they exercise little or no control.

This should give them far greater influence in negotiations with the US authorities regarding exchange guarantees, interest rates, etc. on the assets held in the United States. It should also facilitate a greater diversification in the pattern of foreign exchange investments now overwhelmingly centred in the United States.

3. The magma of mutual monetary and financial credit arrangements (very short-term credits, short-term lending and borrowing quotas different from each other, rallonges, and medium-term credit commitments) should be vastly *simplified*, made more comprehensible to the public, and *integrated with the purpose these credits are designed for*, i.e. to permit interventions in Community currencies rather than in dollars. This is something that the US wishes as much as member countries, since dollar interventions have often triggered in the past unintended upward and downward pressures on the dollar exchange rates, unrelated to developments in the US, depending on whether other countries' surpluses or deficits centred on more reluctant (such as Germany or Switzerland) or on less reluctant – or even avid – dollar holders (to be documented, if desired).

4. A first step in this direction would be the implementation of the Bremen calling for national currency deposits – transfers into ECUs – roughly equivalent to gold and dollar deposits. This would endow the EMF with the means of intervene itself – directly, or indirectly through national central banks – on the market in Community currencies as well as, or rather than, in dollars.

This new technique need not entail any increase in the unconditional rights of member countries, nor in practice in their lending commitments (see how much need be extracted from a previous paper of mine on this subject[13]). The excess of national currency deposits over the present unconditional drawing rights could be drawn upon only conditionally, under consultative arrangements more or less similar to the present ones.

(Another paper of mine on « Excédents et déficits... », dated 1 August, could be drawn upon to dispel undue fears in this respect, particularly if dollar claims on the US were added in the Table to show how much they exceeded those to member countries and grew continually over time instead of being reimbursed).

5. A second step towards a lesser use of the dollar in market interventions would be to use ECUs as well as national member currencies in such interventions. This would help meet some of the difficulties raised by the Group Heywaert in respect of such non-dollar interventions.

It would require, however, the use of ECU instruments by the private market as well as by the monetary authorities. Suggestion 6 below about « ECU substitution accounts » would serve this purpose, but far less ambitious proposals could at least initiate it. For instance, the European League for Economic Cooperation approved *unanimously* and enthusiastically in May of last year a suggestion that commercial banks offer their customers ECU-denominated loans and deposits in all the operations (about $ 800 million – rough estimate[14]) legally conducted today not in national currencies but in Eurodollars and other Eurocurrencies. A number of large banks – notably in Belgium – have initiated such operations or expressed their interest in them (also, international insurance companies). Their development, however, would require some « clearing » arrangements, and would be greatly facilitated by the ability to count on some official institutions as « borrowers » even more than as « tenders of last resort ».

6. ECU-denominated obligations could also be acquired by Central Banks and by the EMF in exchange for reluctantly held dollars. ECU « substitution accounts » might prove as, or more, attractive than SDR substitution accounts, particularly for members of the Community.

Influential US officials and congressmen have already expressed an interest in this technique, as likely to be less onerous than mark or Swiss francs obligations, and as demonstrating spectacularly the will of the US to cooperate with the EMS, rather than appear to make the dollar a « satellite » of the mark, for instance.

13 « Quelques commentaires... » dated 26 July 1979, Section I.

14 Check most recent BIS estimates at time of writing.

The proposal might be made more attractive still to the United States if its obligations look the form of previously prestigious « consols » (« rentes perpétuelles » in French), with adequate interest and exchange rate guarantees, but not imperative repayment date.

The ECU deposits acquired by Central Banks in exchange for dollar to the EMF would remain perfectly liquid for settlements, without requiring any cashing by the EMF of the « consols » received by it from the US in exchange for these dollars. In intra-Community settlements, ECU accounts would merely be reshuffled among members, debiting the account of the payer and crediting the account of the payee.

The US, however, would have accept its own ECU consols in seuttlement from the EMF, if the Community *as a whole* were in deficit.

Two other points need to be emphasized in this respect :

a) This technique would adjust the financial garb of international claims and debts to the real, inescapable, facts of life. No debtor country can effect a *real* repayment of its debt except by running a surplus, and no creditor country can really be repaid, except by running a deficit. The arrangements prevailing today pretend to ignore this reality, but all they can achieve, otherwise, is to reshuffle claims and debts among various countries without ever effecting real repayments.

b) The EMF, or member central banks, should be able to negotiate, under agreed conditions, their ECU obligations in the market to help mop up some of the excess, inflationary, liquidities created by their acquisition.

III. Other possible suggestions

1. See other DG II papers on this topic, particularly on the « bilateral » basis used in calculating the September 24 readjustment of central rates.

2. The *gold problem* might also be handled in part through « substitution account ».

An obvious step, however, would be to link :

a) a reaffirmation of the usability of gold for settlements, at approximate market prices, *between the official authorities* ;

b) a declaration that central banks will obviously continue to abstain from *buying from the market* at the present inflated prices ; and that

c) some of them may, at any time, decide *to sell gold to the market*, both to take advantage of such high prices, and to mop up inflationary levels of liquidities. The US may, in fact, step up its sales for these reasons.

ANNEXE 12

Lettre de Robert Triffin à Charles de Gaulle

Le 22 février 1965

À Son Excellence,
Monsieur le Président
de la République française,
Palais de l'Élysée,
Paris, France

Monsieur le Président,

Aucun esprit réfléchi ne peut rester indifférent aux tragiques conséquences de l'impasse dans laquelle s'enlisent de plus en plus profondément les relations entre la France (et demain l'Europe) et les États-Unis.

Je n'ai certes aucune compétence pour soulever ici les aspects politiques du problème, quelle que soit la vigueur de mes convictions à ce sujet également. Mais peut-être me permettrez-vous d'exprimer mon ferme sentiment qu'en ce qui concerne, tout au moins, le problème monétaire international soulevé dans votre récente conférence de presse, il est possible de dégager dès aujourd'hui les lignes générales d'une solution qui réconcilierait parfaitement vos objectifs fondamentaux avec les intérêts véritables des États-Unis (et des Anglais et de l'Europe en formation, sans négliger ceux du tiers-monde).

Et qui sait ? La démonstration que l'entente sur un des points de l'impasse actuelle est moins difficile qu'on ne le pensait ne créerait-elle pas demain une atmosphère plus favorable à la négociation sur les autres problèmes dont la solution est plus cruciale encore pour l'avenir de nos pays et du monde, et sur lesquels je relisais encore ces jours derniers les pages les plus prophétiques de vos *Mémoires de Guerre* (notamment Volume II, p. 237-240 et Volume III, p. 51-53) ?

Ce n'est pas ici le lieu d'entrer dans les multiples détails et variantes concrètes que seule peut dégager la négociation elle-même. Ce qui importe à ce stade est de poser les principes généraux qui devraient permettre d'engager la négociation avec quelque espoir de succès.

Vous l'avez fait dans votre conférence ; mais j'estime comme je l'ai dit et écrit dans trois des articles ci-joints que le sens de vos remarques a été largement dénaturé par la presse et certains commentaires officiels.

Les clarifications que je vous soumets devraient être de nature à expliquer, et peut-être dissiper, l'incompréhension et les malentendus qui sont en partie à l'origine de la réaction émotive suscitée par la proposition d'un retour à l'or, en dépit du soin que vous avez pris de préciser le rôle indispensable de la superstructure internationale de crédit qui devrait compléter la base or du système proposé.

A. Principes de base

1. Vous avez fort bien exposé les raisons – politiques tant qu'économiques – pour lesquelles aucun pays ne peut continuer à prétendre à l'exorbitant privilège d'imposer sa propre monnaie nationale aux autres pays comme réserve internationale, c'est-à-dire de forcer les banques centrales étrangères à financer ses propres déficits, quels que soient leurs montants et quelles que soient les politiques qui sont à leur origine. L'adoption de ce système au profit de la livre sterling après la Première Guerre s'est inévitablement soldée par la faillite du sterling et de l'étalon dit de change-or. Sa restauration inconsidérée – au profit du dollar – en 1958 nous conduit aujourd'hui vers une catastrophe similaire.

2. Le retour à un pur étalon or, prôné par un homme dont l'amitié m'honore – Monsieur Rueff – est cependant tout aussi inacceptable. Quel que soit le prix arbitrairement fixé pour l'or – 70 aussi bien que 35 dollars l'once – un tel système abandonnerait l'évolution future de la base même du système monétaire international aux multiples hasards :

a) de la production aurifère dans un pays menacé de guerre civile, sans parler des bouleversements des coûts de production que pourraient apporter demain les progrès de la technique en ce domaine ;

b) des besoins et de la politique des dirigeants du Kremlin quant aux ventes d'or russe sur les marchés de l'Occident (ces ventes ont fourni au cours des dernières années entre la moitié et les deux tiers de l'accumulation totale d'or par les autorités monétaires de l'Ouest, et leurs variations ont fortement contribué à aggraver en octobre 1960, par exemple, ou à tempérer, lors de la seconde crise cubaine, les hausses de l'or à Londres) ;

c) des achats des particuliers pour des fins artistiques, industrielles, et surtout spéculatives. D'environ $ 500 millions à $ 600 millions par an de 1950 à 1959, ces achats ont fluctué entre $ 900 et $ 1 200 millions par an de 1960 à 1964.

3. Les autorités monétaires des grands pays ne peuvent donc éluder la responsabilité qui leur incombe quelque lourde et difficile qu'elle soit d'orienter de façon délibérée la création future des réserves monétaires internationales les soustrayant aux aléas de l'or aussi bien qu'aux aléas

dollar tout comme elle reconnaissent depuis longtemps la nécessité d'orienter de façon délibérée la création des réserves internes de leurs systèmes bancaires nationaux. Lorsque l'adaptation de ces réserves aux besoins non inflationistes d'expansion imposera ce qui n'est sans doute pas le cas aujourd'hui une expansion de la superstructure internationale de crédit érigée sur l'or, cette décision impliquera inévitablement un choix quant à l'utilisation et distribution la plus sage et la plus fructueuse de ces crédits à des buts communément acceptés.

4. Les propositions des experts français quant à la création d'une unité composite de réserve s'inspirent exactement de ces principes, mais rencontrent – sous la forme concrète qui leur a été donnée jusqu'ici – l'opposition des Anglo-Saxons et de la plupart des partenaires européens eux-mêmes de la France. Pourquoi ? Et surtout, est-il possible de préciser certaines modalités d'application susceptibles de leur rallier un plus large appui, sans dénaturer en rien – au contraire – les objectifs fondamentaux exposés plus haut. Je le crois.

B. Modalités d'application

1. En dépit des précautions prises par les experts français à ce sujet, leur propositions sont encore interprétées par beaucoup comme une machine de guerre contre les Anglo-Saxons, et surtout comme pouvant entraîner des conversations massives de dollars accumulés dans le passé, et dont le remboursement soudain en or-métal pourrait entraîner une dévaluation du dollar, de profonds bouleversements dans la structure des taux de change, et une contraction brutale de la masse présente de réserves monétaires internationales.

Il importerait donc de clarifier que tel n'est pas le but, et que – ainsi que vous l'avez dit d'ailleurs – « des mesures de complément et de transition » sont « indispensables » à cet égard. Ceci devrait signifier que les dollars accumulés dans le passé seraient incorporés au point de départ dans l'organisation nouvelle des réserves internationales, pourvu que les Américains consentent, comme beaucoup, je vous l'assure, y sont disposés, des garanties de change adéquates, soit en or, soit dans la monnaie des banques centrales créancières, soit dans une unité de compte internationale inspirée de celle du FMI ou de celle de l'ancienne Union européenne de paiements et utilisée aujourd'hui dans de nombreuses émissions privées en Europe.

Ces dollars pourraient, par exemple, être échangés contre des dépôts-or au Fonds monétaire, ou être conservés, directement ou par le truchement de dépôts à la BRI, sous forme de certificats de réserve utilisables pour tous règlements entre banques centrales, pour autant que cette utilisation conduise à une distribution plus équitable entre or et certificats dans les réserves de chacune. En tout état de cause, ces réserves demeureraient entièrement liquides pour de tels règlements, y compris le règlement de déficits éventuels et probables un jour vis-à-vis des États-Unis.

2. Quant à l'avenir, l'affectation rigide de toute création nouvelle de réserves selon la formule des experts français semble à beaucoup, à tort ou à raison :

a) dissimuler, en fait, une révélation anticipée et honteuse de l'or, au profit exclusif de ce que l'on appelle le Club des Riches ; et

b) priver les autorités monétaires et politiques nationales de toute liberté future d'appréciation quant à l'utilisation la plus appropriée de ces crédits.

Est-il bien nécessaire d'anticiper ces décisions pour de nombreuses années à venir, sous le prétexte d'éviter ainsi de difficiles réconciliations des points de vue divergents qui pourraient se manifester à l'avenir ? Et est-il vraiment possible de croire que l'on facilitera cette réconciliation indispensable en exigeant qu'elle se fasse d'un coup et immédiatement, plutôt qu'au fur et à mesure des nécessités ? Les autorités nationales ne préféreront-elles pas réserver leur liberté future de discussion et décision tant sur la distribution et l'utilisation de ces crédits que sur la création des réserves dont ils sont la contre-partie ?

3. Reste la difficulté de choisir le forum et les règles de vote appropriés à cette inévitable négociation continue entre les pays détenteurs et créateurs de réserves.

Les pays européens ne peuvent certes accepter de s'en remettre à cet égard aux règles de vote – et aux influences de fait – qui régissent les décisions du FMI, et qui ont perdu tout contact avec les réalités : constellation totalement différente des réserves internationales et des contributions réelles des pays membres au fonctionnement du système.

Ceci explique la préférence française pour le Club des Dix, et la règle de l'unanimité.

Je crois cependant qu'une autre manière de résoudre le problème soulèverait moins d'objections et servirait davantage les intérêts futurs des Européens eux-mêmes, de leurs partenaires des Dix et du tiers-monde.

L'évolution de la Communauté européenne demandera de plus en plus une harmonisation progressive des politiques monétaires nationales et leur renforcement par un fonds commun de réserves. Une part importante des contributions futures des pays membres à la croissance désirable des liquidités internationales pourrait se faire sous cette forme, et décharger le FMI de toute nécessité – et pouvoirs – d'intervention dans les mesures visant au rééquilibre des balances de paiements entre pays membres de la Communauté.

Les contributions nouvelles que ceux-ci seraient appelés à consentir au FMI dans les années à venir se limiteraient donc aux nécessités de financement des déséquilibres globaux entre la Communauté dans son ensemble et le reste du monde. De plus, les droits de vote quant à l'utilisation de ces contributions additionnelles devraient tenir compte des apports respectifs réels – c'est-à-dire des créances nettes sur le Fonds – complètement différents de quota souscrits en monnaies – cruzeiros, bahts et autres kyats – totalement inutilisables par le Fonds, et qui confèrent uniquement à ces pays des facilités d'emprunt mais ne constituent aucunement une contribution effective aux opérations du Fonds.

L'OECD et des contacts réguliers entre les trois Grands – Conseil monétaire de la Communauté, États-Unis et Royaume-Uni – pourraient enfin remplacer peut-être le groupe des Dix dans les discussions visant à harmoniser l'attitude de ces pays dans les débats plus formels et formalistes d'une organisation aussi vaste et hétérogène que le FMI.

Je m'excuse, Monsieur le Président, de l'ampleur, imprévue au départ, qu'a prise cette lettre. Je laisserai donc de côté d'autres observations multiples que j'aurais souhaité y insérer pour répondre à d'évidentes objections, verser – si on le souhaite – mes suggestions dans un moule plus proche des propositions CRU, etc.

Il ne reste qu'un point sur lequel je voudrais éviter toute équivoque. Cette lettre ne reflète en rien les vues actuelles de l'administration américaine. Je n'ai pris contact avec aucun politicien ou fonctionnaire, américain ou étranger. Je ne soupçonne que trop les résistances qui resteraient à vaincre dans les négociations à venir.

Mais mon expérience de nombreuses négociations internationales – et particulièrement de l'UEP que j'essayai vainement de faire proposer par le FMI dès 1947, mais qui triompha finalement trois ans plus tard – me persuade de la force ultime des idées en ce domaine comme en d'autres. Je suis convaincu qu'elles prévaudront peu à peu sur l'inertie des bureaucrates et qu'elles constituent le seul catalyseur possible d'une négociation où tant d'intérêts sont engagés, mais dont l'échec serait l'échec de tous. Comme le disait admirablement à Tokyo votre ministre des Finances : « La vie est lente... Le rythme de la réalité précède trop souvent celui de la pensée. Les questions monétaires sont trop essentielles, trop périlleuses ou trop créatrices, suivant la façon dont elles sont gérées, pour que nous ne nous efforcions point, afin qu'en ce domaine, fruit de l'invention de l'homme, la pensée précède et guide la réalité ».

Citerais-je encore le Général de Gaulle lui-même ? : « Il n'y a de réussite que par la vérité ».

Veuillez agréer, Monsieur le Président, l'expression de mon désir passionné de servir une grande cause humaine et l'assurance de ma vive et respectueuse admiration.

Robert Triffin.

ANNEXE 13[15]

Lettre de Charles de Gaulle à Robert Triffin

Le Général de Gaulle
Paris, le 17 mars 1965,

Monsieur le Professeur,

J'ai été très sensible au témoignage que vous avez rendu, par votre lettre du 22 février, à la réforme du système monétaire international que j'ai proposée. Je vous en remercie.

Les positions que vous défendez et les suggestions que vous formulez m'ont paru fort intéressantes. Elles sont, en outre, présentées d'une façon claire et brillante. Je puis vous assurer que je ne manquerai pas d'en tenir le plus grand compte.

En vous renouvelant mes remerciements pour l'éminente contribution que vous apportez à la solution de ces difficiles problèmes, je vous prie de croire, Monsieur le Professeur, à mes sentiments les plus distingués et les meilleurs.

Charles de Gaulle

Monsieur le Professeur R. Triffin,
Yale University
37, Hillhouse Avenue,
New Haven, Connecticut.

---

15 Cette lettre ne figure ni dans de Gaulle, Ch., *Lettres, notes et carnets*, t. 10 : *janvier 1964-juin 1966* (Paris, Plon, 1986), ni dans le t. 13 *: compléments de 1924 à 1970* Paris, Plon, 1997.

ANNEXE 14

Lettre collective de professeurs de l'Université de Yale à Lyndon Johnson au sujet de la guerre du Vietnam

March 29, 1965

Yale University
New Haven, Connecticut,

The President of the United States
The White House
Washington, D.C.

Dear Mr. President

We should be deeply gratified to learn that American policy in Vietnam is to negotiate a settlement. We support such a policy.

We believe that recent American actions in Vietnam are inconsistent with your great goal, which we share, of reducing international tensions and moving toward a more stable and more peaceful world. We realize that the conflict in Vietnam is not subject to a simple solution ; we realize also that you and your advisers may have important information of which we are unaware. But on the basis of the information available to us, including the recent White Paper, we are strongly persuaded that our policies in Vietnam have been inappropriate.

First, no new elements seem to have been added to the steadily deteriorating political and military situation in Vietnam, except for our recent policy of escalation. After nearly a decade, American policy has failed to produce a stable and friendly regime that commands enough loyal support among the people of South Vietnam to turn the tide of war. The crisis cries out for a new definition of our true interests in Vietnam.

Second, the one new element, the policy of escalation by bombing North Vietnam, incurs great new risks without much promise of achieving its objectives, whatever these may be. The balance of advantage in what is to a great extent a civil war in jungles, mountains, and rice paddies cannot be altered very greatly, we believe, by bombing bases, military personnel, and civilians in North Vietnam ; the evidence from World War II, we think, supports the judgment. If the objective is to frighten the leaders of North Vietnam or China into submission, experience from World War II suggest that the method is psychologically inept and that the opposite result from the one hoped for is equally likely. If the objective is to force the Soviet leadership to choose between cooperating with the United States or supporting Communist revolutionary movements in Asia, the United States is, we believe, taking a foolhardy gamble. If Soviet leaders are compelled by us to choose between a total break with Communist China and a total break with the United States, the Soviets may well choose to break with the United States. In any case, our policies make it more and more difficult to strengthen Russian moderation against Chinese intransigence. Yet, a satisfactory settlement hinges more on the attitudes of leaders in Communist China and the Soviet Union than on North Vietnam. If, then, the objective of recent policy is to enable us to negotiate from strength at some future time, we see little prospect that the tide of war will turn in our favour in the foreseeable future. And if it does not ? Must we, in order to « negotiate from strength », then escalate the war to higher and higher levels, run greater and greater risks, provide ever more dramatic provocations to the North Vietnamese to send their large army marching southward, to the Chinese to enter actively into the war, and to the Soviets to abandon their doctrine of peaceful coexistence ?

Third, our actions in Vietnam are, we think, producing more enemies than friends of the United States in Asia. It is difficult for us to believe that the ordinary Vietnamese, whether in the South or in the North, see much difference between Americans and their predecessors, the French colonials and their army. We Americans know that our actions are not intended to implement « white imperialism in Asia » ; but our policies and actions have a different and much more sinister look to Asians. As to the famous « falling dominoes » argument so commonly used to justify our actions, this is almost exclusively an American doctrine ; it does not have much support among the « dominoes » themselves. Indeed, these « dominoes » have a thousand years experience in resisting Chinese imperialism. Our two greatest Asian allies, Japan and India, do not endorse our actions in Vietnam, and so far as we can judge, we lack the support of leaders and the general public in those countries. Prime Minister Shastri has appealed for negotiations, as have Secretary General U Thant, Prince Sihanouk, and two European leaders who could hardly be regarded as naive or sympathetic to Communist expansion, Pope Paul and General de Gaulle.

Fourth, we are deeply concerned with the legal and moral implications of our actions in Vietnam. Our military intervention appears to us, as it evidently does to much of the rest of the world, to constitute a violation of the 1954 Geneva agreements. As to our moral position, we cannot help wondering, Mr. President, whether your advisers have given adequate weight in their calcinations to the men, women, and children, whose lives are irreparably harmed or destroyed by our bombings. Have we grown callous to the concrete human meaning of « escalation » ?

Finally, Mr. President, we believe that American opinion itself is too divided to sustain a long crisis in Vietnam, much less an enlargement of our participation in that war. Among the people we know best, the community of scholars and teachers, there is extensive opposition to escalation. Indeed, a great many thoughtful people throughout the country, the editors of the *New York Times*, other journalists, publicists of national repute and unimpeachable integrity, like Walter Lippmann, share our view. We believe, therefore, that our policies in Vietnam run the additional risk of creating such discontent, frustration, and disunity here at home as to impair the achievement of other goals and our effectiveness in dealing with the problem of Vietnam itself.

We therefore urge you, Mr. President, to mobilize the energies of your administration in seeking a new and different solution to the problem of Vietnam. In particular, we urge you to enter into negotiations with the leaders of countries whose agreement is needed in order to bring about a cease fire, to neutralize the area, and to eliminate the direct military participation of the United States.

We should not presume to specify the precise nature of the negotiations, whether you should use the good offices of General de Gaulle or the auspices of the United Nations, or with what specific leaders or countries you should seek negotiations.

We do strongly urge, however, that the United States vigorously and sincerely seek to arrive at a solution by negotiation, not by escalation. We urge you not to lay down requirements for entering into negotiations that the North Vietnamese or others obviously are not going to meet. Though we may continue to hope for it, we cannot reasonably demand or expect that a cease fire and a cessation of all activity will precede negotiations : these are among the objectives to be achieved by the negotiations themselves.

If the American government pursues a policy of negotiation as energetically as it has, until now, pursued its policy of unilateral action, we are most unlikely to be worse off than we are now. Surely we shall be better off than we are going to be as time goes on and our position deteriorates as our military intervention escalates. And there is some reasonable hope that we shall move toward a goal that after ten years of unilateral action still eludes us, a tenable solution to the conflict in Vietnam.

Respectfully yours,

John Blum, Professor of History
Karl Deutsch, Professor of Political Science
Robert Triffin, Professor of Economics
Robert A. Dahl, Professor of Political Science
George D. Mostow, Professor of Mathematics
Mary Wright, Professor of History

ANNEXE 15

Renunciation of Us Nationality: Statement of Understanding

Written explanation

My whole life, professional and other, has been dominated since my earliest days by deep internationalist convictions, derived undoubtedly from my experience as a child – under German occupation in World War I – and as a university student alarmed by the growth of Hitler and the approach of World War II. These convictions prompted my choice of a career devoted throughout to international monetary cooperation, both at the world-wide level and at the regional level. I am known primarily as the author of the « Triffin plan » for world monetary reform, and as a promoter of regional monetary agreements in Europe, Central and Latin America, Asia, etc., including currently my active participation in Arab monetary planning at the Arab Monetary Fund.

I deeply appreciate the unique opportunities which my adopted country – the United States – gave me in this respect. My first governmental job was to organize, in the early days of World War II, the Latin-American section of the Board of Governors of the Federal Reserve System. I joined the International Monetary Fund at its very beginnings, in 1946, and left it in 1949 to become one of the main technical architects and negotiators of the European Payments Union for the European Recovery Administration. I accepted a Professorship at Yale University in 1951 to pursue my teaching and research in the same fields of interest, serving simultaneously as part-time – to preserve my full independence in speaking and publications – consultant for various US and international agencies, including the Council of Economic Advisers of Presidents Eisenhower and Kennedy, the United Nations, the OECD, the EEC, etc.

My retirement from Yale imposed me an « agonizing reappraisal » – to use a trite formula – of how to use my remaining years in the best possible fashion. My wife and I finally decided to resettle in my native country for two main reasons :

1. the invitation of my old « Alma Mater » (the University of Louvain) to join old friends in research and teaching on this new campus of Louvain-la-Neuve ; and

2. most of all, the opportunity offered me by the European Community to participate actively in the development of the European

Monetary System and its progress toward ultimate monetary, and therefore political union.

This has unfortunately raised the question of my citizenship. Frankly, I have long considered myself as a citizen of the world rather than of any particular country. Having visited more than 90 countries, and worked at various times in most of them, has strengthened this feeling. I highly prize the comment of President Kennedy – when asked by Secretary Dillon whether I was an American or a European – that I was « one of our first Atlantic citizens, and we need more of them », and the citation accompanying my designation as Commander of the Order of the Crown by King Baudouin for « having remained loyal to his native village of Flobecq, but having become our first citizen of the world, to whom any nationalism is alien ».

Legal requirements, however, forcibly impose upon one a repugnant choice in this respect. I felt it imperative to adopt the US citizenship when living and working in the United States. I could do so very easily in view of my obvious absence of Belgian chauvinism, and indeed with enthusiasm at a time when the United States was leading the fight against Hitler's tyranny and imperialism.

Living now in Belgium since September 1977, I finally felt it equally imperative – after long and, as I said above, « agonizing » hesitations – to resume Belgian citizenship. In view of the close friendship between Belgium and the United States in the Atlantic alliance, this cannot raise, to my mind, any real conflict of allegiance between the two countries to which I feel most attached. Moreover, as a small country closely dependent on its international relations, Belgium is the vanguard of all the efforts to press for the world-wide and regional cooperation reforms to which I have devoted my life, and which have long been supported by the United States Congress, under Republican as well as Democratic Administrations. Belgian policies in the European Community are, for the same reasons, the least hampered by national chauvinism and the most closely identified with the drive for European political unity for which I worked so long with Jean Monnet.

Belgian citizenship thus merges in this respect with European citizenship making more logical the various honours conferred to me in recent years as a main contributor to European unity, and particularly the invitation to become a founding member of a proposed European Academy.

I had initially hoped to retain both US and Belgian citizenship, but the Court decision restoring my Belgian citizenship specifically states that I « lose my American nationality when recovering the Belgian nationality ».

Needless to say, these legal regulations will not affect in any way my affection and devotion to the United States, where I have spent most of a happy and fruitful life, where my children and grandchildren have made their lives, and which I shall continue to serve here, in many ways, far more effectively than I could in New Haven.

I fully realize the excessive length of this « Statement of Understanding », but wish to clarify for others – as well as for myself – a painful decision that might easily be misunderstood by my many friends in the United States and elsewhere.

Index des noms de personnes

« Relations financières internationales »

La Fondation internationale Triffin/International Triffin Foundation s'est fixé pour objectif de valoriser l'héritage intellectuel de Robert Triffin (1911-1993) et de poursuivre la recherche scientifique consacrée plus particulièrement au système monétaire international, sans négliger les domaine relevant de l'économie, de la finance et des sciences sociales qui ont été au cœur de ses préoccupations.

Non sans soutenir, avec l'appui de la Compagnia di San Paolo de Turin, la Chaire Robert Triffin qu'accueille l'Institut d'études européennes de l'Université catholique de Louvain, la Fondation entend assurer grâce aux publications de la collection « Relations financières internationales » la promotion de travaux individuels et collectifs dont les thèmes centraux sont ceux auxquels Robert Triffin était particulièrement attaché : l'Union européenne des paiements, la création de Droits de Tirage Spéciaux, le Système monétaire européen. La collection accueille également des ouvrages qui abordent les futures difficultés auxquelles est confronté le système monétaire international, tels que les effets extérieurs de l'Union économique et monétaire européenne, les nouvelles tâches du Fonds monétaire international ou encore la prévention des crises financières.

Directeurs de collection :
Alexandre Lamfalussy, Bernard Snoy, Michel Dumoulin

Titres parus

No.1 Alexandre Lamfalussy, Bernard Snoy & Jérôme Wilson (eds.), *Fragility of the International Financial System. How Can we Prevent New Crises in Emerging Markets?*, 235 p., 2001.

No.2 Clément Vaneecloo, Augusta Badriotti & Margherita Fornasini, *Fiscal Federalism in the European Union and Its Countries. A Confrontation between Theories and Facts*, 240 p., 2006.

No.3 Vincent Dujardin, Yves De Cordt, Rafael Costa & Virginie de Moriamé (dir.), *La crise économique et financière de 2008-2009. L'entrée dans le 21e siècle ?*, 383 p., 2010.

No.4 *Robert Triffin, conseiller des princes. Souvenirs et documents recueillis par Catherine Ferrant et Jean Sloover avec la collaboration de Michel Dumoulin et Olivier Lefebvre*, 148 p., 2010.

FSC
www.fsc.org
MIX
Papier | Fördert
gute Waldnutzung
FSC® C083411

Kolibri 360 GmbH
Ferdinand-Jühlke-Straße 7
99095 Erfurt, Deutschland
produktsicherheit@kolibri360.de